独角兽的成功密码
创业50人 By飞马旅

袁岳 · 主编

企业管理出版社
ENTERPRISE MANAGEMENT PUBLISHING HOUSE

图书在版编目（CIP）数据

独角兽的成功密码：创业50人 By飞马旅 / 袁岳主编.
-- 北京：企业管理出版社，2017.3
ISBN 978-7-5164-1479-8

Ⅰ．①独… Ⅱ．①袁… Ⅲ．①企业管理 Ⅳ．
①F272

中国版本图书馆CIP数据核字（2017）第040540号

书　　名：	独角兽的成功密码：创业50人 By飞马旅
作　　者：	袁　岳
责任编辑：	聂无逸
书　　号：	ISBN 978-7-5164-1479-8
出版发行：	企业管理出版社
地　　址：	北京市海淀区紫竹院南路17号　邮编：100048
网　　址：	http://www.emph.cn
电　　话：	总编室（010）68701719　发行部（010）68701816　编辑部（010）68701891
电子信箱：	niewuyi88@sina.com
印　　刷：	北京宝昌彩色印刷有限公司
经　　销：	新华书店
规　　格：	787毫米×1092毫米　16开本　13.75印张　187千字
版　　次：	2017年3月第1版　2017年3月第1次印刷
定　　价：	49.00元

版权所有　翻印必究·印装错误　负责调换

序一

我们要你感到：他们能，我也能！

袁 岳

作为一个自带粉丝的创业服务者，我很幸运我的很多粉丝只是我的知性分享伙伴，他们从我这里得到某些有价值的信息，我也从他们那里学习到很多新东西。

对于很多年轻的伙伴来说，这一点尤其准确，那就是我们只是互学者，我的很多洞察与前沿见解本身来自他们。我不是大家的教师爷，更不是偶像。

同样，这本书中几乎所有的创业行动者，他们在他们的项目与细分行业里面得到了相当的进步与成功。他们的实践证明，在中国，创新创业的空间是巨大与动态生长的。他们的故事与经历证明，他们那样的才能、努力、意志、沟通与团队领导力是可贵的。

但更要说明的是，他们是一群普通人出身，是一些前大学生、职员、管理人员、专业人士或者失败和成功的创业者。他们与我们读者中的大部分人，不是差不多就是非常接近。

因此他们的故事说明了：他们能的，我们其实也能。

在大家的故事里，我们可能发现一些共性，比如他们大部分的创业是爱好、特长和机会洞察的合一，或者至少有某一两样东西。他们有更多的勇气与牺牲，有更积极的态度去决策与承担风险，有更强的周期感与行动紧迫性，有

更耐心的团队沟通与团队领导的魄力。

他们是一些前沿技术与产品的开发者，但他们更是市场链接、团队组织、快速迭代的组织者。他们自己是某方面出色的人才，而他们更是团队的凝聚者与提升者。

但是，我们也可能发现很多个性，他们的脾气、知识背景、工作经验、互动模式、看问题的风格都是各式各样。他们本身并不是一个模子的成功者，或者我们证明了根本就没有这样的模子，而这样的多样性，恰恰可以从我们每一个读者身上发现。

我们的读者还能发现这样一种差距，就是他们可能更有方向感，而我们更多的小伙伴则没有或者模糊。是的，其实我们中的很多人，并非真正的领导者或创始人的料，只是过去没有机会验证与确认。

这也不影响我们去换一个角度思考，如果我们需要在他们中选择一个人或者几个人作为自己的领导者，那么谁是自己最可能、最合适、最喜欢去追随的？

实际上我们今天的创业，不只是有创始人一个途径。如果我们能够发现适合自己的追随对象，我还可以用能力与忠诚，置换得到股权激励，从而成为有创业团队成员性质的创业型员工，我称之为岗位创业。我甚至认为，岗位创业者会构成本书一个重要的阅读者群体。

这样看来，这本书作为一本创业案例故事书，不是一本成功学书籍，也不是一本英雄宣传书。

这是一本关于我们自我发掘与自我创业岗位导航的攻略书，每一个创业者是一个独特的景点，而我们用代入感去阅读、去反思、去发现，去找到自我的位置，那么这本书的目的就真的达到了。

序二

创业者，世界因你而更美好

杨振宇

有些想创业的朋友常常会说，"我看到这个市场很大，我觉得我在这里有机会，所以我想创业"。没错，市场大，确实意味着机会多，不过仅仅于此并不够。

举个例子来说，前段时间有个朋友想在医美行业创业，因为这个市场很大、很乱、很暴利，所以觉得机会很多。

我跟她说，这是不够的。医美是一个大、乱、暴利的市场，如果只是看到这些就跑到里面创业的话，那个大环境很容易让人成为一个很贪婪的人。那个市场中也存在很多以欺骗手段牟利的现象。如果你自己的心不是很稳的话，很容易陷入其中，误入歧途。

很多情况下，创业者并没有想过：我能做些什么、应该要做些什么，让你的客户不仅愿意付钱给你，而且还要感激你，甚至不愿离开你。这样，创业才会有成功的希望。

所以，创业要体现你的价值，一定要想到：世界是因为创业者而变得美好。我觉得，这才是你创业的最佳出发点。

想跟大家分享几句话：

信念比欲望更能激励人

创业者带一个团队往前发展，光靠自己还不行，一定要靠团队。靠团队，你就要想办法激励大家。

有个最直接的手段，就是钱。贡献越大，奖励越多，让团队分享胜利成果，这当然很重要。

但是光用钱来激励，这还绝对不够。创业很少会一帆风顺，万一公司遇到困难时，仅仅看重钱的团队，就会离开你。企业还一定要有信念，"你创业的愿景是什么"这需要让团队明白。大家一起跟着你干，这件事情非常有意义，非常有价值，非常值得尊重。

我觉得这样的信念、这样的企业文化，可以使员工在公司困难时依然跟着你，这非常重要。

善良比聪明更重要

我们用人都愿意用善良的人，而不是一个不善良的聪明人，这样的人通常会带来更大的灾难。

我们经营企业的时候也一样，我们做产品时，要存好心；在制定营销策略时，要善良；面对用户时，我们一定要有善意。

一些互联网创业企业用欺骗甚至流氓的手段获取用户，看上去是耍了小"聪明"，取得了一些效果。但实际上，他们会失去客户的信任和好感，长期来看绝对得不偿失。

我记得前一阵子有位网红扬言，"我有很多痴粉，我叫他们干什么，他们就干什么。我想卖一个什么东西，他们就会买。想让他们出钱养我，他们也愿意。"

你觉得这位网红能持久吗？如果你不尊重你的粉丝、你的用户，你不爱他们，他们会尊重你、爱你吗？不会。

创业者一定要充满爱心地对待你的客户，树立善良的企业文化，绝不用小"聪明"的手段欺骗客户。

困难是成功的垫脚石

就像郎平说的那样：困难始终在比赛中伴随而来。你要创业，就要有面对困难的勇气，绝对不要丧失信心。一定要坚持，通常坚持到最后，成功就快了。办法总比困难多。创业过程中，信心和勇气常常比金子更可贵。

胸怀宽大才能获得更大的帮助

创业者一定要有一种很大的胸怀，一定不要去贪小便宜，无论是对员工还是对你的合作伙伴，包括用户。甚至有时候也不要因为你有新产品没有竞争者，你就可以暴利经营，这不具有可持性。因为暴利的存在，会使得更多竞争者进入，你的暴利就不会持久。

不管是对员工、合作伙伴，还是用户，不能因为信息不透明、不对称，或者你有主动权，你就欺负人家，小便宜莫贪。只有胸怀宽广，才能有更多人来帮你、愿意帮你，你才能获得巨大的成功。

初心与平常心

刚开始创业的时候，创业者都会有那份为客户创造价值的初心。可是一段

时间后，很容易把这份初心遗忘。成功的迫切性或者创业的艰难，有时会让创业者迷茫，以致于不择手段。

这要不得。依此下去，创业者不可能取得真正的成功。

还有一些人成功之后开始傲慢起来，原先对员工、团队、客户都很客气和尊重，但是做大做强后，他的傲慢心也逐渐升起，对别人不再那样尊重。另外，创业过程中，将胜负心放下，认认真真、兢兢业业将事情做好，为客户创造价值，坚持下去，成功将会伴随而来。

创业，始终保持一颗平常心，始终保持一份初心，才能让这个企业基业常青。

今天是创业的最好时机。

让我们好好珍惜这个难得的机遇，为世界更美好而创业。飞马旅将把一些拥有同样美好愿望的创业者凝聚起来，携手为创造一个美好的明天而努力。创业者朋友们，世界将因为你而更美好，飞马旅将因为你而自豪！

前言

我们是谁，从哪里来，又到哪里去？

钱 倩

其实这个哲学问题一直困扰着我，不止困扰我，更是自人类有思想以来最简单也是最伟大、最容易，也是最难回答的问题。

就在这短短一周内，一口气看完了《腾讯传》：这是中国最好的作者写中国最好的公司，一旦开读，就欲罢不能，被一种无形的力量深深吸引，看了还想看，比任何一出美剧都更精彩。

之所以惊心动魄，不在于叙事的精彩与对事实尽可能的还原与陈述，而在于：从来没有一个公司的兴衰和发展，离我们的生活如此之近。甚至它就在我们每时每刻的生活边上，象一根平行线，如影相随，慢慢，慢慢，成为生活中的一部分。而一切怎么发生的，其实我们并不一定清楚。

至今记得，我去的第一家互联网公司，叫 dreamer。那时正值 1999 年，工作时用的就是 QICQ，甚至因为它太容易掉线，我们的工程师们奋而写了自己内部的一个即时通讯软件，以应付活动高峰期，每天 24 小时不间断地联系与文件传输。

当时策划并执行的"中国首届 72 小时网络生存"，成为互联网营销的十大经典案例。而那些被关在北京保利大厦与上海华亭宾馆里的测试者与记者们，在饿得头晕眼花之际，用了各种方法点到了永和豆浆，感动得几乎落泪；还有

人因为操作了几十次没有办法点单,只好放弃测试,自己走出门来——这一切过去了10多年而已。

当2015年底,仿佛是霎那间,决定离开分众,到飞马旅,开启一段新的人生历程时,并没有前思后想,计算过得到与损失具体是什么。其实一直很不自信,是否能胜任一个创业者与投资人并行的任务;也不太确定,自己是否合适做个可以洞悉趋势并预见未来的投资人。

只是觉得自己还可以学习,还可以奔跑,还可以突破既有的思维;觉得自己还可以更加开放地去思考很多问题,让自己活得更真实,探寻未知的未来中,那些更加有趣和更加有意义的事情。

整整一年的自我折磨,马不停蹄地飞奔,同时大脑也在飞速地运转。双子座的好奇在这里得到最大的发挥:什么都是新鲜的,什么都值得思考,什么都值得发问,我们都在实践中拓展认知的边界,把想象力发挥到更大的范畴。

就在昨天,Snap在纽交所上市,估值高达330亿美金。对比它的1.58亿用户与4.05亿美金的营收,这个估值并不算低,而60%用户在13—24岁之间,意味着这是面向下一代的社交网络。人们总是会为未来投入更多,也会为下一代我们所不了解的生活,自行脑补更多的精彩。

看到Snap把自己定义为一个相机公司,不禁让我想起了曾经的相机巨头:柯达。

全世界第一款数码相机,由柯达相机工程师Steve Sasson在1975年发明。1998年,柯达有17万名员工,在全球销售所有相纸的85%。我也有一批好友,是那个时候柯达中国的管理人员。

仅仅在13年后的2012年1月,柯达提交了破产保护申请。企业迭代与变化,其实比我们想象中更快,更无情,人类似乎也变得更加容易遗忘。无论是技术还是工具,都不可避免地随着时间洪流,汹涌向前,席卷一切,不留任何的缓冲和余地。

同样，仅仅10年前，2007年，诺基亚销售额占全世界手机销售额的40%；同年iPhone 1上市，谷歌开始做安卓。

诺基亚的CEO看到苹果手机说，"这就是一个小玩意，我们的对手还是摩托罗拉"。在功能手机领域连续领先14年后，2013年，诺基亚在智能手机时代被微软收购。诺基亚CEO在最后的记者招待会上宣布把公司卖掉，他说的最后一句话是，"我们并没有做错什么，但不知为什么，我们输了。"

每次看到这里，总是有些黯然。这些我们曾经仰视的商业明星，他们勤奋，聪明，努力，进取，仿佛天之骄子。一时荣耀，似乎在一路向前的过程中，也没有做错什么。但最终，为什么消失了？遗憾，惋惜，悲壮，很难用一句话解析这里面所有的过程与思考。

太多的商学院案例中，并不太可能教给你一个可以完胜的万全之策：任何生意，任何时候，都有存在的合理性，也有当时看到的市场。但最终走下去，会走到什么地方，或者走得有多远，都不在之前的预计中。

从现实层面说，做一个投资人，特别高兴的事是每天接触最活跃的创业者，了解最前沿的技术，尝试最新鲜的方法，一直会跟随时代的脉动与潮流。

但另外一方面，又极端焦虑：会被很多因素裹挟，不能自拔。大家都看到的趋势中，你当然要跟对；在大的赛道中，又要去找到能够跑得更快的团队。在这个过程中，不断地加强自身团队的竞争力，练好内功，可以在持续地奔跑中保持领先优势。

所以投资人都会特别在意地定义自己的价值：创业者背后的创业者，创业者的基石。总之，创业与投资，一荣俱荣，一损俱损。从来没有一种关系像创业者与投资人一样地生死与共，息息相关。

翻看这些创业故事，想起爱创业（飞马旅旗下众筹业务）的顾冰提及，仿

佛飞马旅五年的时光重新呈现，所有奋斗的历程历历在目。

感谢这些第一线的创业者们，你让我们觉得如此温暖。在刚刚事业起步的时候，你们就把信任交给飞马旅，交给我们，让我们一路走来，见证所有的辛酸苦辣，分享你们的所思所想，所得所失。我们可能比你们的家人、同学、朋友，都更能理解在创业的过程中，你们所经历的一切，其中甘苦，冷暖自知。

目录

001　从零到一，无苦不甜　　　　　　　　　　王拥军

005　审美不可复制　　　　　　　　　　　　　徐沪生

009　这里有位"好阿姨"！　　　　　　　　　 周袁红

012　我想赋予机器以人类智慧　　　　　　　　张　帆

017　一位云南"马夫"的创业轨迹　　　　　　 彭永泽

022　互联网泡沫下的"被逼创业"　　　　　　 高　瞻

026　我就是一个矛盾复杂体　　　　　　　　　陈安坤

031　这也许是最美的藏式酒店　　　　　　　　袁　驰

035　电竞老兵转行AR，要打造中国记忆的早教机　熊剑明

038　逆流而上拿下融资，车置宝"一直在路上"　 黄　乐

042　一只枕头打开的市场　　　　　　　　　　赵云超

046　往最好的方面想，做最坏的打算　　　　　但　捷

050　城市游牧者　　　　　　　　　　　　　　乌　拉

054	"这杯百亿果汁，我干了"	何绍杭
058	做一个幸福的人，向死而生	马　雷
062	一个艺术生的科技梦	许　峰
066	最靠谱90后的理性创业	刘　瑶
070	一个玩笑，诞生了一家物流新秀	陈泽平
074	为传统文化注入一颗移动互联网内核	施　珏
078	抗癌勇士走过生死隘口，携"氧"入藏为中国医疗领域开疆拓土	贝　磊
081	游走于天才与疯子边缘	叶可涵
085	我的职业就是创业	邱　俊
089	以智能颠覆传统快递行业	舒元明
093	香约1930的上海，寻觅彼时气息	罗　雁
097	创业是条修行路	郑　竹
101	创业是在娘胎里就种下的种子	金　平

105	美与时尚的王国——阿玛尼	程军建
109	50万众筹起家,不会卖袜子的程序员不是好老板	陈伯乐
113	150万亿物流蓝海中,乘风前行,货来货往	栾剑锋
117	礼遇·二更呆住,呆得住才能走得远	金渭涛
121	创业如跑步,也许这就是奔跑的意义	马京伟
125	以爱之名为老人打造专属品牌	赵玉涛
129	如果有一天你抱怨自己碌碌无为, 那一定是没有努力活得丰盛	贾　冷
132	留德声乐博士+中文系书生=首部网络校园情景喜剧	潘　昊
135	我不惧怕挑战	陆浩川
139	因为专注,所以值得关注	赵　祺
143	想做饰品界的ZARA	林炳龙
147	一只"包子"走天下,易动传媒做到了	程海明
151	走出体制,让行医更纯粹	宋冬雷

155	互联网医疗再起风波，就诊通让看病不再难，就医更精准	金羽青
158	踩准风口　不惑之年的任性创业	干建君
162	投后估值1.5亿，六六脑创始人向华东：我们被低估了！	向华东
166	心如棱镜，专注征信，十年磨一剑的英雄梦	赵　杰
170	起于边缘　成就伟大	张　睿
175	当创业者遇到90后，"骑"乐无穷	聂梦松
179	电子竞技，这是最好的时代	祁　斐
183	一位80后妈妈的创业经	郅　慧
187	创业应该是让生活更美好	李　博
191	一位资深媒体人的转型创业神话	赵　奕
196	凡心所向，素履所往，要做3D打印行业里精耕细作的老酋长	许建辉

【企业排名不分前后】

201　后记

从零到一，无苦不甜

> 安能安能，无限可能。
>
> ——王拥军

企业一句话介绍：

安能——通过整合传统物流专线、零担快运网络和信息技术平台，创新颠覆性商业模式，致力成为商业流通领域最有效率的连接者。

2010年开始创业，进入物流行业六年多，王拥军和他的团队将安能物流的规模从零的萌芽状态做到全国第一：200多个分布中心，2000多条班车线定时定点的全球往返，10000个网点分布于全国各地。

"过去五年平均每年增速大概140%，快运做到全国第一的情况下，今年9月份我们又开发了一个新产品：进军电商包裹的快递。"有了扎实的零担快运的基础，之后的市场开拓看起来水到渠成，王拥军透露，"目前快递业务已经初具规模。"

重大战略的抉择

创业之初，王拥军和他的合伙人一起租了一个2000平米很破的仓库。"安能是六七个合伙人200万凑起来的公司。"王拥军说起当时一起创业的艰辛。

创始人中有航空货运的人脉，他们最初就从航空客户开始做起。但是航空价格较贵，最后王拥军和团队商讨之后，还是选择公路运输，降低价格，尽量提升速度。

经过两年的规划和实施，到 2012 年，安能物流从上海到全国开发了 17 条线路，这 17 条线路里面只有 6 条是花钱投的，剩下的 11 条王拥军称之为"加盟专线"。

"我们定的目标是向全国扩展，将来会有两千条甚至更多，如何扩展规模成为当时一项关乎存亡的战略决策。"这是当时摆在王拥军和团队面前一道不得不慎重考虑的问题。

团队结合创业两年的经验，用了半年的时间在内部不断讨论，设想规划。

最终他们选了一条艰难的道路：自营开线。

"到 2012 年加入飞马旅的时候，其实 200 万刚好用光。2012 年初的时候，春节都过得很惨淡，账上只有 20 万，每个月亏 20 万，只够烧一个月。"即使这样，王拥军还是坚持选择自营开线的方法。"因为过去加盟专线中，碰到非常多的问题，虽然加盟的方式看上去很容易，但是当你不能把控核心产品时，也就留不住客户。"

"很幸运，当时抛弃的是轻模式，走了平台的发展方向，选择自营开线。"王拥军至今对当时的果敢和决策感到兴奋，他说，"当时看起来非常艰难、几乎走不下去的路，但是我们一直坚持到现在，越走越踏实，路也越走越宽。"

融资过程中完善自身

安能官网中企业介绍表明：

2013 年 1 月 18 日，安能获得红杉资本 A 轮投资；

2013 年 12 月 31 日，安能获得华平资本 B 轮投资；

2014 年 6 月 29 日，安能获得华平投资集团追加投资 5000 万美元；

2015 年 6 月 28 日，安能 D 轮获 1.7 亿美元融资，凯雷高盛华兴联合投资。

2016 年 7 月，安能第五轮融资，获鼎晖投资基金管理公司 1.5 亿美元注资。

从投资方可以看出，安能获得的都是大牌投资机构的青睐。

"2012 年一年，我见了 100 位投资人，这个过程中会被挑战、质疑、所以不得不完善自己！"王拥军最终领悟到了投资人的关注点，找到了结合安能整个运营模式的演讲方式。

"从投资人沟通的角度，总结每一个商业模式。最重要的叫单位经济效益，你要把业务踩到每一个细分的最小单元。当你找到单位经济效益跟它所有的驱动因素后，告诉投资人怎么去推进加速这个驱动因素，获得效益。"王拥军说。

王拥军介绍说，"我们会用一个统一的 Excel 模板，把所有的变量导进去。在货量、网络产品演化的情况下，清楚看到数学公式怎么变，最终带来的利润，每一项都经得起推敲。"这样给投资人演示之后，一目了然。

每一年不断地用历史积累来完善自身，形成有效的管理、成型的套路和依据，才会让结论更夯实，以后走得更踏实。

一起经历风雨的团队才更有凝聚力

2012 年到 2013 年之间，在王拥军看来是最难熬的日子，他说，"差不多有 9 次发不出工资。"就是这样一起经历苦难，才真正培养了团队的凝聚力和向心力。

"最困难的一次，基本上是弹尽粮绝。我就跟公司里的小伙伴说，你们可

以投钱到公司里来，50个人最终投了2500万。"也是这次的增资扩股让王拥军明白，当公司不断地扩大，最有效的管理方法就是期权激励。

团队一起的时候，王拥军会带着大家爬山，走几十公里山路，然后出一身汗。他觉得，每次跟大家一起折腾的时候，记忆犹新。

"没气的时候，大家互相打气，喊口号还是蛮管用的。"对于公司的文化建设方面安能向来大方，安能的口号从花费6万的"选择安能、成就梦想"到花费120万的"安能安能，无限可能"。

"嘴上说想创业，但是不想放弃原有的东西、又特别聪明的那些人，基本上最后都走了，沉淀下来的主要大将都是看上去比较木讷的。"六年多的创业经验，起起伏伏，王拥军坦言自己更喜欢比较笨的人。

在"信任、聚创、毅行"的企业文化之下，王拥军认为一个打不烂、能折腾的团队才是企业长久发展的保证。

从1000人到4000人，现在有2万人。规模不断扩大，面对有些疲软的安能老将，王拥军和安能希望通过二次创业，挑战快递，给团队带来新的刺激。

对于进军快递行业，王拥军信心满满。他在2017年飞马旅CEO基金年会的演讲中说，"我们想透了，我们有自己的优势，有自己的爆发点，可以在快递市场里抢一碗蛋糕。不一定要打败别人，但是可以获取增量，因为那个市场还有每年40%的增量，我们还有机会！"

审美不可复制

> 模式可被复制,审美不可以,要由偏执做到极致。
>
> ——徐沪生

企业一句话介绍:

一条——主打生活、潮流、文艺等内容的原创短视频,读者主要为18-38岁注重生活品质的中产阶级。

从传统媒体的高层出来,徐沪生认为自己的创业更像是被逼无奈的一次选择。在创业前,他对于新媒体完全不了解甚至有些排斥,不用微信,也不喜欢互联网,一份报纸做了八年,是一个彻底的传统媒体人。

在一次跟朋友聊天的过程中,他敏锐地察觉到,传统媒体将没有出路——"如果传统媒体再能混五年,我真的不会出来,五年之后我就想退休了。我只是转型,不是创新,而且是被逼的。"从做决定到真正辞去副总编的职位,徐沪生只用了一个礼拜,很决断,没有犹豫更没有留恋。

转型新媒体

徐沪生自诩是一个很传统的媒体人,年纪大了更不愿意"折腾",想转型却不想转行。考虑到创业方向的时候,他就想,自己做了十几年的生活媒体,应该还是要做生活类的内容创业。

因为平时爱看 YouTube，他发现美国的很多视频都是生活类的视频，教你化妆，教你旅游，教你做菜等等。但在中国以快手、秒拍为主的视频多数是搞笑段子，没有生活类的视频，中国的市场巨大。

徐沪生认为，即使不像美国有 50% 那么多，但中国这类视频至少也该占到 15% 的市场份额，于是定位做生活类的视频。"我是做生活媒体出身的，中国总要有生活类的视频，刚开始还是学的 YouTube，因为我是做平面媒体的，没有做过视频。"

做精美的高端内容

生活类视频的范围很广，有低中高之分，一条最后还是选取了相对而言更为高风格的内容。在最初的时候，他们尝试做过三十几期 UGC，活泼热闹风格的视频，后来全部废弃掉。"视频做得很热闹，我们总觉得很别扭很怪。做视频还是要做到节奏、画面很美。"

当时整个团队只有几个人，整个团队目标和步调都很一致，喜欢做精美的东西。一条上线之前，身边的朋友都对徐沪生说："这东西我很喜欢，但放在网上肯定要死的，因为这东西太小众了。"

徐沪生听完后的想法是，如果不行的话，就十几个人做一个小小的公司，做这种很漂亮的视频，生意也不会太差。结果上线之后，一下就火了，成为有史以来粉丝数量增长最快的微信号，仅短短半个月就突破了 100 万的粉丝量。

这时徐沪生才发现用户对于优质内容的需求是被压抑的，互联网时代有一句戏言叫"得屌丝者得天下"，但徐沪生认为，这样的逻辑之所以存在是因为没有好的产品出来，一旦好的产品出来以后，就填补了大家对于优质内容的渴求。

内容变现：做生活电商平台

如今一条的微信上面已经有 2000 万的粉丝，差不多每天一两百万的访问量，这是一条的第一个阶段——做高端的内容。当一条的粉丝达到千万规模之后，徐沪生知道，是时候该考虑变现的问题了，他决定拓展一条的业务。最初的设想是接广告，知名媒体人出身的他跟一些广告主和客户也很熟，结果行不通。

一方面目标客户转型慢，他们的决策机制比产品的更新换代要慢，指望广告主来投广告，也许是三年之后。在 2014 年的时候，双方还对接不上。另一方面，徐沪生有自己的理想，他也不想把一条变成一个广告公司。曾经因为客户气质与一条不符，徐沪生拒绝了 3 个价值 1700 万的合同，而那时一条的融资也不过 1000 万。

最后决定做一个生活电商平台。"我们把用户规模越做越大以后，为什么我们不来卖东西呢？因为我们是做生活方式的，我们里面的生活知识，后面都有产品。我们很多朋友都是做独立产品的，他们的产品真的是很好，我也很喜欢，价格也没有说非常贵，就是没有渠道。"徐沪生说，一条自带流量，为几千万的中产阶级用户提供质量好的产品，其实这些用户对优质内容的购买需求是比阅读还刚性的需求，一条只是提供了一个很好的平台。

坚持做正确的事

从媒体性质向电商的转型，背后伴随着很多质疑的声音。用户或许会觉得一条不再像当初那般纯粹，内容可能更加商业化，为商品销售而服务。徐沪生则认为，在商业变现这件事情上，不可以犹豫，做好准备的时候就执行，这就

是一条的商业模式。

"所有投资人投资你，都希望你有一个大的商业模式，谁都不喜欢商业化的东西。不满意是可以理解的，但在变现的时候，这个部分可能是 10%、15% 的人流失，那我要不要做？答案是坚定的。"徐沪生的想法是未来可能有甚至 1 亿的阅读用户，那核心购买用户可能达到几百万。

但一条跟其他电商 App 的区别在于，这 100 万的购买用户，不是从全网拉的，而是在阅读用户里面。阅读用户的获得是免费的，是慢慢养起来的，而不需要花两三百块钱去获得购买用户，前提是一条需要确保手里有比较优质的内容。

生活类高品质视频火了之后，多了一些模仿者，对于越来越多同类的竞争对手，徐沪生对此表示并没有太多的担忧。"很多人现在做的内容是我们 2014 年放弃的那种 UGC 和 PGC 的风格，那不是我们的风格，我们是要通过非常强烈的高品质内容去获得高品质的用户。"徐沪生说，模式可以被复制，审美却不可以，一条要坚持杂志的美学标准，做精美的东西，把审美做到极致。

这里有位"好阿姨"！

> 我觉得年轻人还是要找准自己喜欢干的事情，在某方面有天赋，坚持做好，做到极致，其实也一样有出息。
>
> ——周袁红

企业一句话介绍：

阿姨来了——为客户找到好阿姨的家政服务平台。业务包括：月嫂、育儿、家务等家政中介，阿姨大学、阿姨社群运营、老驿站、企业保洁等。

曾任中央电视台经济部记者、香港上市公司高管的周袁红，在 2007 年以前，与家政行业"八竿子打不着"。

自从创办北京嘉乐会家政服务有限公司后，周袁红便开始了"家政之路"的探索。不仅首创家政经纪人制模式，进行移动互联网转型，而且创办"阿姨大学"，专注于家政行业。

"有娃才知母亲难当，创业才知老板难做"

"怀孕的时候，老公不放心我，就找了一位保姆。有一天突然发现阿姨居然不知道什么叫马桶，还把家里的洗衣机当马桶用。"周袁红哭笑不得，但转念一想，家政阿姨暴露的问题不正是一片未被开发的商业"处女地"吗？！

"创江山易，守江山难。"真正进入家政行业，才体会创业之难，尤其是被冠以"最底层"之名的家政行业。

创业之前，采访过各种人物，小有名气；创业之后，到处发名片、做陌生拜访、找阿姨。从服务社会高层突然转换到服务社会底层，语言习惯、价值观、做事风格都不相同，其中的苦乐，只有周袁红自己知道。

找到阿姨，又面临一项难题：阿姨的培训。周袁红为了提高阿姨的服务质量，自己模仿华尔街英语，制作了一套培训课件，一直延续到现在。"有了孩子才了解母亲，创业才知老板难做"这是周袁红创业之后的最大感慨。

创业途中"冷却自我"

很多人都说，女性创业不行，不容易成功，大概是因为女性相比较男性更加敏感，同情心更容易泛滥。创业之初，周袁红还曾遭遇过阿姨的欺骗。

"创业之初，公司就两三个管理人员，为了让阿姨学习做饭，每天给阿姨一百块钱买菜做饭。有一天，两个阿姨突然打了起来。后来才知道，原来两个阿姨都怀疑对方在买菜时藏了菜钱，我们觉得闹事的阿姨性格比较粗暴，就请她离开。"这样的决定也让周袁红心里承受着压力和惭愧。

"解聘阿姨的时候，我们立马觉得自己变成了黑心雇主。"这次解聘事件也让周袁红进行了一番思想斗争和自我检讨。

很多路都是越走越明了，创业这条路也一样。经历一次次艰难决定与内心纠结之后，周袁红才深刻感觉到创业者与之前所有工作的不同。"我们在经历创业的过程中，慢慢地从忍不住流眼泪到没有眼泪，做管理与做事业还是有很大差别的。"

这里有位"好阿姨"!

从一个"创业小白"到走上正轨的蜕变,总结起来就是"从一个热血青年变成一个创业者,是一个不断冷却的过程。"

周袁红带着"好阿姨"一起成长

"我们有阿姨日历,每年一度的服务者大会,春节的年夜饭,三八妇女节的最美阿姨评选,清明节踏青,五一劳动节游园,端午节中秋节感恩大会,国庆节徒步大赛,还成立了同乡会。"丰富的企业活动成为公司聚拢人心、凝聚集体的重要手段。

企业文化并非带着阿姨们吃喝玩乐这么简单,周袁红更注重对阿姨的软性培训。他们每年都会组织阿姨到香港去跟菲佣联欢,近距离感受菲佣这一人群,更好地向他们学习服务。

让周袁红最有感触的是一个叫苏菊娥的阿姨,虽然只有小学三年级的文化,但在公司熏陶下竟然写了一本书。"一个好阿姨除了服务好客户之外,她不能成为工作的机器和奴隶,她还要成为自己的主人,有自我觉醒意识。"这就是周袁红认可的好阿姨。

"阿姨来了"这个团队,在周袁红的带领下,阿姨们也许并没有那么高的学历,但都是值得尊敬的"好阿姨"。帮助阿姨认清她的责任权利和义务,敦促她行使权利,帮助这些城市中弱势群体在时代大潮中不被冲走,这大概就是周袁红的使命和责任。

如果说周阿姨的创业是由偶然发现商机开始,她近十年的坚持就是成功的必然。周袁红说,"我觉得年轻人还是要找准自己喜欢干的事情,如果在某方面有天赋,坚持做好,做到极致,其实也是一样。"创业不是必然,而坚持则是必然。

我想赋予机器以人类智慧

> 当你左右为难孤立无援的时候,哪管得了什么情怀,必须死撑。
>
> ——张帆

企业一句话介绍:

硕泰科技——一家集研发、制造、销售、售后为一体的综合性智能制造服务商,十三年来专注于非标自动化行业。

张帆,广东硕泰科技发展有限公司(以下简称"硕泰科技")创始人,40岁。2014年为了突破事业的瓶颈,从青岛来到广东中山,开始二次创业。

全新的环境,业务开展极其困难。为了缓解压力,他每天骑行20多公里。有一天,张帆突发奇想,决定环绕伟人孙中山出生的地方——翠亨山骑行一圈。

"骑到一半,我就后悔了。60公里对我来说,实在太长。当时感觉自己一定会倒毙路边,被救护车连人带车拖走。"幸好,陌生的骑友给了他鼓励,让他最终坚持到终点。那一刻,张帆全身通泰,痛楚全消。

在创业这条长路上,张帆坦言自己也遇到了重重困难。"当你左右为难孤立无援的时候,哪管得了什么情怀,必须死撑。"

从公务员到创业者的朴素转型

张帆创办的企业名叫硕泰，成立于 2003 年。谁都想不到，在创业之前，他还在青岛市外经贸委工作，端着一只很多人都羡慕的"铁饭碗"。

硕泰成立的原因其实也很简单，张帆发现与制造业发达地区相比，青岛在机械配套方面非常落后。"我觉得这或许是一个很好的商机。"

促使张帆下决心创业的，除了与海外企业的差距之外，还有国内市场的空白缺口。据悉，当时青岛地区已相继入驻了一些五百强企业，这些企业需从海外采购大量机械零件。"我们或许可以帮这些企业做些什么，比如对接资源。"

多维度考虑下，张帆果断离开了老单位，创立了硕泰，并开始为日本安普公司提供机械零部件的配套供应服务。

张帆坦言，公司刚成立时，业务还仅限于机械加工零件的买卖业务上。充其量就是，利用信息时间差，左手买进右手卖出地捣腾业务。

公司成立之初，最常见的业务流程：先由客户下订单、发图纸；接到订单或图纸后，张帆马不停蹄地寻找下游供应商；供应商按照图纸，打造零部件交货。

在那个年代，这些下游供应商全部由张帆从网络上一家一家搜集、对比筛选而来。一旦确定后，张帆通过传真机把图纸发送给无锡公司，让对方负责加工零件。"无锡工厂加工好零部件后，再快递给我，我再卖给我的客户。"

硕泰成立第一年，凭借这种"传真机 + 电脑"的土方法，张帆也完成了从一位公务员到一位创业者的朴素转型。

创业13年　同行式微　硕泰依旧

从最初青岛一家小作坊式的工厂，发展到现在拥有黄河三角洲、长江三角洲、珠江三角洲和台湾地区四大基地的规模型企业，并拥有一流的研发和技术实力，硕泰的壮大具有强烈的时代改革气息。但也离不开张帆对这一行业的高度敏感，抓准行业的痛点及时切入其中。

创业之初，硕泰主要服务于日本一家大规模企业。之后，这家日本企业把一些在日本被淘汰的设备产能搬至国内，但对当时的中国企业而言，这些设备依然有较高技术竞争力。

可这家日企老板依然很纳闷，因为在中国并没有相应的机械配套商可以为这些"落后"设备提供配件服务。最后，这家公司找到张帆，委托他们帮忙定制一些简单的零件和设备维护。

就这样，从最初一台、两台日本设备的零部件供应、设备维护服务，张帆和他的团队一步一步跟着日本企业学习、渗透、琢磨，直至最后整体介入自动化工业领域。

从2003年创业至今，张帆和他的硕泰已走过了整整13个年头。他笑言，在创业路上，自己可以算是一名创业老兵了。

有意思的是，与硕泰同一时代诞生的其他竞争对手，几乎都已凋零没落，物是人非。或是淡出行业，或是改头换面另起炉灶。但硕泰，则依然稳如泰山，坚持它的行业之路。

"创业至今，我最大的感受就是：创业太不容易了！要坚持，要撑住，而且要对得起别人，不能违背良心或损人利己。"张帆对创业的总结，有着中国典型实体企业家的共性：通俗、直白、率真。

作为一家国内著名的自动化装备制造公司，在成立早期，公司仍以重资产为主。但近年来，在飞马旅联合创始人袁岳的引导和启发下，硕泰开始进行一系列"瘦身"改造，公司业务日趋服务化，逐渐由一家制造业企业，升级改造成为一家生产型服务企业。

我想给机械装上一双眼睛

2014年年底，一条时长3分钟的美国亚马逊仓库机器人视频吸引了众多科技类媒体的眼球。

在视频中，只看到一台巨型的 fanuc 机器人手臂，正在有条不紊地搬运一个个庞大的箱子；地面上，数量众多的橙红色 Kiva 机器人，则像一个个灵活的小矮人一样，驮着四四方方的书柜，快速行走于宽敞的亚马逊仓库中。

与仓库中数千个橙红色的 Kiva 机器人形成强烈反差的则是，就在几个足球场大小的空旷仓库中，工作人员数量却寥寥无几。时至今日，机器人潮流的发展势头越发迅猛。

"十几年来，我们一直都在做让机器人变得更有智慧的事情。"张帆告诉笔者，人类越来越趋向不愿做体力工作，这就意味着机器人替代人类进行一些粗笨的工作，将成为一种不可逆的趋势。

为此，硕泰也提前布局，开始转型介入智能制造领域。就在三年前，公司开启"机器视觉"技术研发，预计今年第一季度"机器视觉"产品，即将上市销售。

当机械设备拥有人类的视觉、听觉、嗅觉、触觉等，这些机器才能称之为真正的智能化设备。如果没有视觉，也没有传感技术，在张帆看来，这类机器就是一种落后的设备。

而硕泰的机器视觉产品对标的则是日本最著名的企业品牌，不论是精度、

响应速度，还是稳定性，均达到日本同类产品水平，但价格仅为它们的一半。

创业十几年，张帆一直秉持"与人为善、吃亏是福"这一古老教条。硕泰，硕为丰硕；泰为稳如泰山，否极泰来。硕泰之于张帆，不外乎希望它能够发展稳如泰山，耐得住寂寞，泰然处之。

从更大格局而言，张帆希望通过自己和硕泰的努力，让人们活得更有尊严，更有智慧！

一位云南"马夫"的创业轨迹

> 管理一个团队就像管理一群马,有的擅长长跑,有的擅长负重,都需要一位成熟"马夫"知人善用。
>
> ——彭永泽

企业一句话介绍:

望客——一家为人类眼睛提供生命周期服务的产业互联网平台。

坐在彭永泽对面,你就像是看着一泓清水,清则清矣,但深不见底。

上海虹桥凌空SOHO,极具未来感的数栋联合办公大楼内,彭永泽的创业企业——上海望客电子商务有限公司(以下简称"望客眼镜")便坐落其中。

彭永泽刚刚创业那会儿,公司并没有多少资金。公司最艰难的时候,身边的人包括他的亲人,都觉得他就像一个不食人间烟火的无知者一般,无所畏惧。

有人曾将他这种不顾一切想要做好一件事情的执念,归于匠心精神。但他则将这种偏执,称之为"他的使命"。

"匠心精神源于匠人内心对他所做工作的由衷喜爱。我创业,出发点不在己身,而在于这件事值得我这么去做。"彭永泽告诉笔者。

"马夫"之名由来

彭永泽的名片上,很有意思的在名字之前用黑色粗体冠以"马夫"二字。

问及"马夫"的含义，他笑了笑，给了我们三段解释：

首先，因为自小生长于云南，自己尤其喜欢骑马、养马。在从事电商创业时期，与阿里曾有过交道，当时需要取个绰号，便想到了"马夫"一词，于是这个绰号便这么流传下来了。

"从团队角度来说，马夫，有时候也等同于'伯乐'。"彭永泽认为，在一个企业中最好的"伯乐"，首先是一位"马夫"。"你要先熟悉马，如果你连马都不熟悉，那这个'伯乐'就没有办法做。之后才是养马、爱护马。"

对于名片上的"马夫"第三种解释则是彭永泽对自己企业和团队的鞭策。

"管理一个团队就像管理一群马，有的马擅长长跑；有的马则擅长负重。这些都需要一位精于此道的成熟马夫来管理，才能知人善用扬长避短、取长补短。"彭永泽说。

淳朴净土中成长的少年

彭永泽从小生长于云南，在他的回忆中，幼时的故乡云南就是一片纯净、质朴的沃土。淳朴到极点，便是路不拾遗、夜不闭户。

小学的时候，去同学家玩耍，玩累了就在同学家歇下，父母也都不太担心他这样的借宿过夜。初中时候，去同学家玩，因为同学家有个极大的马场，周末跟父母说一声或者让邻居带一句口信给父母，就去同学家骑马疯玩。

父母对他的无拘无束和高度自由，造就了彭永泽人格中的高度信任感、安全感和强大的自我意识。内里越安全，外在越自信。

"在我的概念中，从小学到高中甚至到今天，都没有想到过要刻意提防着某个人。"在彭永泽的印象中，人，都非常善良、友好、乐于助人。今天你有什么事情，我帮助你；明天我有什么问题，你来帮助我。这种来自幼年时期淳朴故乡的坦荡人际关系，几乎让彭永泽定格了自己与周遭所有人的关系模式：纯净、坦诚、直接。

这也造就了当下的彭永泽，无论是在生活还是在工作中，秉持"知无不言，言无不尽"的理念。"我有什么就说什么，如果没有那就不说，我也说不出口。如果我觉得这个事情能交给你就交给你，给不了那就是给不了。"他的待人接物之道，似乎总有一种佛家智慧般的清澈与顿悟，好像并没有什么事情，能让这位创业者的情绪产生太大的起伏或者波动。

彭永泽纠正我们说，没有跟他合作过的人，自然看不到他生气的一面；但是和他合作的小伙伴经常体验到他的情绪波动。"于我而言，对员工的要求其实非常高，而且会很严厉。因为对人有了期许与期待，自然就会有要求。"

中国首份O2O商业计划书出自他手

互联网创业至今，彭永泽虽然几经沉浮，但在望客眼镜这一项目上，却保持着"不做大，不罢休"的固执。在他看来，消费互联网的入口上，至今没能成就一个平台。而他，则坚决要在产业互联网的入口上构建一个以眼睛为入口的平台。

"从哲学和物理层面来看，眼睛是人类终极的信息入口。"或许正是基于他对行业的热忱，对创业的冷静，如此"冷热"交替之下，才成就了现在的他，以及现在的公司。

2005年之前，彭永泽开始了第一次创业，当时淘宝、阿里巴巴等电子商务刚刚起步。他跟随时代的脚步加入电商大军，成立了一家电商供应链平台。但没多久，他就把它脱手转给下家。

离场的原因，彭永泽笑着解释说，等大家都愿意在网上卖东西的时候，电

商货品开始出现供大于求的情况。自己不愿意把资金压在库存上，便选择了离场。

彭永泽说，这种冷静的提前预判，让自己几乎躲过了一个又一个创业危机。

很难想象，这位戴着眼镜一脸斯文、玩转互联网电商供应链的柔弱书生，实则历史系毕业。2004年大学毕业时，彭永泽选择了留校任教。因为需要带着学生进行社会调研，彭永泽需要拼命地在外面寻找各种项目，为学生提供可实践操作的空间。

"实践了之后发现，越来越多的互联网电商项目完全可以自己组成一个团队进行对接。"有了初心，之后就是执行。为此，彭永泽带着自己的学生团队，前往北京、上海、深圳、广州等一线城市实地考察和操作，最终选定上海作为自己创业的首发城市。

"选择上海的原因，一方面我喜欢这个城市；另一方面，在重庆做电商时，招不到合适的电商人才，但在上海就不一样了。"彭永泽说，为了鼓励和吸引更多人进行网络购物与交易，团队甚至专门设置了线下体验店，为消费者提供"线下体验－线上购买"的颠覆式电商营销模式。

"当时，我们开了很多家体验店，网络加实体。我甚至可以自豪地说，在2006年，中国第一份所谓的O2O商业计划书，一定是出自我之手。因为当时，我们的网络加实体，换成现在的话来说，就是O2O模式。"彭永泽告诉我们，相比2009年火热的O2O，那个时候这一概念还刚刚处于萌芽期，但自己和团队依然通过这一模式，斩获良多。

"那个时候，我们的线上商城，甚至应用了3D技术，让人们可以在店里通过屏幕，360度无死角地看到那些网上的商品，比如服装、眼镜、化妆品。"一旦客户进入这个虚拟商场，便如同跨入最真实的百货商场一样。

那个时候，韩国也流行过类似虚拟商场。面对这个网速很慢且易被迅速复制和拷贝的模式，彭永泽再次提前预见到这一模式的未来，不太可能做得很大，迅速调整方向，转战其他战场。

"或许是与生俱来的思维方式不同，我们一直坚决认为自己并非简单的电商销售商。就像我经常跟其他人说起，望客并不是提供'眼镜'服务，而是为'人类的眼睛'提供服务。"

互联网泡沫下的"被逼创业"

> 金钱对我而言只是一个数字,业内都在讲资本寒冬,熬过这个冬天,我们就能往前走得更远一点。
>
> ——高瞻

企业一句话介绍:

EC+(上海谊熙加品牌管理股份有限公司)——公司根据不同企业的具体活动需求,提供一体化的链式服务。

第一次见到高瞻的时候,笔者迟到了。那是一个下雨天,被堵在高架上的笔者看着原本约定的时间无可奈何,等到了约定地点的时候又狼狈地认错了人。而见到高瞻本人时,他依然保持着很温和亲切的笑容,面对笔者的道歉,一边说着没关系,一边问需要喝点什么。坐定之后,笔者开始思索,岁月让眼前这个男人经历了什么,是什么造就了现在的他,温柔而宽厚。

从下岗开始的创业

作为一个70后,高瞻90年代就开始工作,在各种各样的企业一共工作了7年。主要的工作是市场营销和电信互联网,严格来说只能称电信,不能称互联网。2001年,互联网大泡沫,在互联网公司工作的高瞻在快30岁的时候经历下岗,现在回忆起来,他一边笑着一边摇头说,"很惨的啊!"还重复了几遍，就下岗了，下岗了。

他开始思索接下来要做什么，回顾了一遍过往的工作经历，他认为每个公司对他的帮助和影响都很大。但从工作方式来讲，第一个公司给他的影响最大，那是一个以企业咨询和营销推广为主的公司。

"第一个公司在学校里，我所有的同事都是学生，老师是老板，大家都是下了课之后来干活。"高瞻说，这完全是一个创业模式。那个公司很好玩，也很有活力，但同时也非常的混乱。"乱得一塌糊涂，有时候客户来开会，开着开着会议，桌子底下钻出来一个人，就是前一天晚上工作太晚了没回去。"说到这些的时候，他像个顽皮的孩子哈哈大笑。

这给他的印象非常深刻，创业公司的工作氛围是之后他所在的其他企业里都没有的，尤其是在国企，到了下班时间大家就各回各家了。大部分时候，他们集聚在一起，想创造一些全新的东西，然后也的确创造了很多东西。

互联网泡沫之后，再找一个类似的互联网公司的相同岗位也很难找，所以高瞻决定自谋生路。"为了不给国家增加负担，我们就提前响应了15年后李克强总理提出的号召——自主创业。"

创业还挺简单的

笔者采访过很多创业者，一直以为创业者的艰辛，区别只在于说与不说，正在经历苦和过去经历苦而已。出乎意料，与其他创业者不同的是，高瞻对笔者说，创业这件事也蛮简单的。

"毕竟工作了这么些年，本身又是上海人，然后同学也工作了七八年了，也都在一定的位置上了，所以我们想找点活干还是有的，想要饿死自己其实也挺难的。"公司开始是延续了高瞻比较熟悉和擅长的 marketing 工作，后来是聚焦在活动管理，这次创业持续了七年，从2002年到2009年。

2009年后，随着业务扩大，逐渐分成了两大业务板块，一是品牌管理和发展，聚焦在快速消费品的全国体验式营销，另一个板块是蒲公英会议中心。公司也换了一些合伙人，重组之后公司以新的身份成为了飞马旅的星驹企业。

加入飞马旅以后，高瞻因此结识了飞马旅下面的其他星驹企业，至今他仍感激这段经历。"特别是在开蒲公英的时候得到很多飞马旅兄弟企业的帮助，比如说言几又的但捷，还有陈涤，他们在做连锁这方面走在我们前面，给了很多指点和建议。"

高瞻是土生土长的上海人，上海人一般都比较谨慎，他对于做连锁其实没有概念，就去问但捷和陈涤这些有实践经验的人，结果他们十分支持，知无不言，言无不尽。

金钱只是一个数字

作为飞马旅早期的星驹企业之一，去年高瞻的公司在新三板挂牌，据他回忆，这应该也是飞马旅的星驹企业里第一家申请挂牌的。

高瞻自己也没想到公司会去申请上市，因为在他看来，在飞马旅里面，他们的业务貌似比较传统和保守，从速度上看肯定也不是最快的，应该说是发展得较为稳妥。他表示，"我们的经验就是上海人开的公司，胆子比较小，比较谨慎。不像福建人和浙江人开公司比较有冲劲。"

公司在新三板上市之后，会有市场估值。但高瞻说："那都是假的，就是一个数字嘛！"然而随即他又特别可爱地"乐呵"，"坦率讲，是开心过几个钟头！"

"我们挂牌成功以后，就答谢合作方，那时在山里面的一个民宿，项目负责人就问我说，你知道你这个公司现在值多少钱吗，我说我还真的不知道，值多少钱呢？他告诉我一个数字之后，我说哇，那好像我们做这个事是值得的"。

互联网泡沫下的"被逼创业"

随即高瞻也发了一条微信"忽悠"他的合伙人,说我们现在值这么多钱了,合伙人也开心了好几天。

然而就像他所说,短暂开心过后更多的还是冷静的思考。由于公司的业务以 B2B 为主,赚的钱基本都用于流动资金。在第一次创业结束的时候,高瞻拿到了一笔钱,然后这笔钱就直接投入到了第二次创业里,他说基本上他没有完整地看到过或拿到过一笔钱。

高瞻认为,对于创业者来说,眼前摆着的无非是两条路:一是到某一天把公司卖掉了,这个公司就跟你没关系了;另一条路是把市值做得更高一点,再去获得更多的钱和资源。

现在业内都在谈资本寒冬,在投资的冬天,投资人并不看好他们。但是他们觉得熬过这个冬天是可以的,那就有机会往前走得更远一点。

"这也不一定是一件坏事儿,有的时候离投资热钱远一点的行业和企业,可能活得更久一点,像互联网行业就很容易'成也匆匆,败也匆匆'。"高瞻说,现在 EC+ 也变成一个公众公司了,希望当有一天把它交出去的时候是一个完整的公司,是一家能够持续发展和经营的企业。

我就是一个矛盾复杂体

> 人生不是堆积木，我们不能因为感觉不满意，就推倒重来。
>
> ——陈安坤

企业一句话介绍：

路途乐——专注于宝宝出行安全，打造中国宝宝自己的安全座椅品牌。

常年盘踞于广州、深圳，得益于多年累积而成的强大人脉关系网络，陈安坤原本可以在广东沉淀积累，打造属于自己的商业王国。

但最终，这位小个子男人却甘愿抛下广东年收入数百万的公司，与女朋友一同定居上海。不但创办了上海路途乐科技有限公司，专注于儿童安全出行产品，还在上海这个城市落地生根。

为了爱情，舍弃百万年薪工作

"在广州当时跟几个朋友一起工作，我没什么资本投入，那就少量资金加人力入股，帮着他们打理公司。一年保底利润大概几百万，如果业务顺利的话，营业额没有五六千万，至少也能有个两三千万。"

可就在他工作顺风顺水的时候，远在上海的女朋友却给他出了一道选择题：是要继续留在广东，翻倍扩增公司规模；还是选择前往上海，跟女朋友一起成家过日子。

这道"选江山还是选美人"的选择题，或许会让很多男人犹豫不决。但在陈安坤的心中，这却是一道毫无意义的问题，因为答案早已在他心中。

"赚钱是一件比较容易的事情，但找一个老婆比较难。"陈安坤笑着回忆说，之所以对婚姻有着较高的期待值，最大原因来自他幼年时期的原生家庭大环境。

陈安坤出生于湖南西南边陲——邵阳的大山中，在这个几乎与世隔绝的山村里，那时候短短二里地的村落里，却已出了三位找不到老婆的光棍汉。"呵呵！我不能成为第四个光棍汉，这或许是我内心深处最害怕的事情之一。"恐惧来源于未知。

或许正是为了驱散"未来单身汉"的恐慌，陈安坤的恋情也早早地从十六七岁初中时期开始萌芽，提前布局自己的恋爱与婚姻对象。

虽然经历商海多年，但陈安坤谈及人生最初的情感时期，这位看似严肃的创业者，却嘴角一扬，眼部笑纹一现，似乎自己又回到了早年那个犯浑、倔强、不羁的调皮学生。

"像我这样坐没坐相、站没站相，我以为自己很优秀，其实都只是自我感觉良好。"陈安坤自嘲，自己是一个复杂的矛盾综合体。

一堂佛法课程后的蜕变

陈安坤从小到大的学习非常出色，成绩一直稳定的保持在学校排名前五、六名的位置。这样的稳定排名一直保持到初中，但他直言，自己并不是学霸，而是"校霸"——校园一霸。

"我们在校园拉帮结派，讲江湖道义，称兄道弟。"陈安坤说到这里，手上正倒着一杯汤色亮黄的龙井茶。一口茶水入喉，就如同他那段校园往事，苦

涩中透着一股回甘。

那个年代，想要考上当地中专学校还需要政府的指标，或依靠家族疏通人际关系才能如愿以偿。但陈安坤和他的另一个小伙伴则硬生生地拒绝了校长的安排，没拿指标考中专。而是以超过录取分数线100多分的优异成绩，进入当地唯一一所重点高中学校。

但进了高中后，这位少年依然如故，打架，逃学，无节制地看古惑仔录像……在校园中放纵着自己不羁的性格。

在学习这条路上，你可以说陈安坤有着别人所羡慕的天赋。但也不能否认，在那个灰暗的年代，这个年轻的灵魂，有意无意中肆意挥霍着自己的天赋与聪慧。

对过往的回忆，似乎让陈安坤触摸到了坚硬外壳之下内心深处的一片柔软。"从小，我就一直被人夸奖说'懂得人情世故、老练'，但我觉得自己真正的懂事，真正觉醒，应该是在2008到2010年这段时间。"

2010年年底，陈安坤正驰骋于电商领域。按照当时的行业排名，他的汽车用品企业——车当家的业务规模逐年攀升，甚至进入淘宝行业前三甲。

由于出色的业绩表现和绝对的行业领先地位，淘宝大学为此向其发出网商EMBA深度学习和培训的邀请。陈安坤欣然接受，并有幸成为第6期的网商EMBA学员，前往参加这次为期数天的封闭式深度学习。

就在该次学习的最后阶段，陈安坤面临两堂选修课程的选择，它们分别是：营销大师孙路弘的营销课程、济群法师的佛法与人生课程。冥冥之中，这位胆大的无神论者，鬼使神差般地选择了后者——佛法与人生。

"听了整整一天，不说醍醐灌顶，但在那个时刻的确感悟到了很多东西。"陈安坤说，在那之前，总是觉得自己很老道，很明白。直到那一刻，内心沉静、安宁之后，才发现原来自己是那么的无知、浅薄、轻狂。

或许在那一刻，陈安坤真的看到了内心深处另一个真正的自己，另一个始终承载着他孱弱一面的灵魂。

"我对人生的理解，始终保持着'在路上'的态度。哪怕我在这个地方处于焦灼的状态，来来回回、徘徊往复之间，只要我还在路上，就好了。"在他人眼中，他由于调皮，任性不羁，耽搁了许多时光，错失了很多机会。可是在他自己的眼中，自己却从未有过荒废的人生与虚度的年华。

所有的体验都有价值，所有的经历都有意义。

这堂佛法课程，将一个 36 岁的小男孩，最终涅槃蜕变为一位 36 岁的真正男人。

父亲的力量

"我觉得自己就是一个复杂的个体，表里不一，而且特别矛盾。有时候很自信，但有时候其实又非常自卑。"陈安坤对自己的负面、消极评价，或许与他的原生家庭不无关联。

陈安坤为少数民族，太公曾是当地有名的私塾先生，而他的爷爷和父亲也耳濡目染，成为当地小有名气的知识分子。特别是他的父亲，凭借着初中文化水平，成为村里屈指可数的几位写手之一。

文化大革命期间，为了家人免遭无辜迫害，陈安坤的父亲带着爷爷奶奶等一家人，远离家园，迁往人烟稀少的山林里。最终举家迁移至湖南绥宁一带某个小村落中，繁衍生息。

由于不是当地原住民，陈安坤的家人们时常会受到当地土著村民的排斥和挤兑。有时，为了保护自己的族人不被当地人欺负，陈安坤的家人甚至还需面对残酷的挑衅与斗殴。

陈安坤说起让他至今印象深刻的一件事情。

那一年，他才五六岁，但已能看懂人世间的善恶。在他所居住的村子里有

一个村民公用的晒稻场。一天，他远远看到一群村民围成一圈，集中攻击着圆圈中央的一个男人。等他走近后才看清，被村民围攻的那个人，正是自己的父亲。

"当时，我就看到我父亲紧紧握着一根竹扁担，对着那些人威胁说'你们谁敢上来，我一个人拼你们一群人'。"平日知书达理的知识分子，那一刻如同一头被猎人围困住的豹子一般，绝望中挣扎，挣扎中愤怒。

说到这里，陈安坤的心似乎早已回到了幼年时的那个晒谷场边，静静地看着父亲使尽全力以一种原始、血腥的姿态，保护着自己的家人和族人。

如今，陈安坤自己育有一子。10岁的小伙子就如同他的翻版一般：早慧、懂事。用陈安坤的话来说，有时候跟儿子对话会有一瞬间的错觉："他才10岁，但对父母的理解和接纳就好像他才是家长，而我跟他妈妈就像是孩子一样。"

临到访谈结束，陈安坤的一句话，或许透出了他内心的几许真实写照。

"人生不是堆积木，我们不能因为感觉不满意，就推倒重来。"在时间这根维度线上，陈安坤对人生的理解，透彻而冷静，甚至怀有一种悲观的虔诚。

这也许是最美的藏式酒店

民俗的，才是世界的。

——袁驰

企业一句话介绍：

稻城稻家——一家新成立的连锁旅游酒店公司，致力于打造稻城区域内管理最规范装修最豪华的旅游酒店。

热映的电影《从你的全世界路过》让大家认识到了稻城的美丽。而在稻城不仅仅有美丽的风景，还有这样一个人开着这样的酒店。

出生于四川眉山，热爱藏族文化，历经南部到西部，平原和高原，稻家连锁酒店创始人袁驰看起来亲切而含蓄，平和而低调。喜欢戴帽子，穿休闲简单衣衫的他似乎在人群中自成格局，从容而淡定。

1994年毕业于广州外语外贸大学，2005年便自己创办了外贸公司，出口家居产品。正赶上外贸生意红火的时候，袁驰瞬间就积累了一笔财富，年出口额接近两千万美元。

2008年，却因为一次旅游，让他决定在稻城亚丁开设民宿。于是，稻家连锁酒店便诞生了。这是香格里拉环线度假酒业的先锋，目前已经包含十家藏文化民宿酒店。

这条经历了8年艰难险阻的创业路，袁驰走得既惊险又幸福。聊起自己耗费8年心血打造的作品——稻家连锁酒店，袁驰显得很骄傲。

创业从来都不是一帆风顺的，为了美梦成真，袁驰也像无数创业人一样，历经了极大的苦难和折磨。

首富变首负

起初，袁驰是一个成功的家具出口商，"在广州经营一家家具外贸公司，年出口额两千万美金，出口欧美几十个国家。"但是中国制造业在金融危机前夕生意越来越难，于是袁驰便考虑开始改行。

来自天府之国四川的袁驰，天性喜欢藏区秀美的山川和炫丽的少数民族文化。有一天他来到亚丁的脚下，看到那青山碧水间镶嵌的一块块金色青稞田，看着这里的天空，这里的土地，竟止不住眼泪婆娑。当时亚丁的交通很不方便，没有高速，甚至公交都经常中断，更别说客栈酒店了。

被亚丁与世隔绝的美所震撼的袁驰决定不走了。他不希望这么美的地方，连一个像样的住宿地方都没有。很快他确立了自己的目标——做旅游酒店。

于是他把公司交给了别人，带着所有的钱来到了稻城亚丁。

为了抢占先机布好局，到 2012 年为止，袁驰花光了自己二十年做外贸的所有积蓄，"还用光了从亲友那借来的资金，从原来的家乡首富变成了'首负'。"为了筹集资金，他甚至去借高利贷，利息从一分、二分、四分到五分不等，甚至有一次高达八分！当时的他，压力山大！

2012 年初，是袁驰最困难的时候。当时创业已是第五个年头，仍然举步维艰，内外交困，"不少亲戚朋友都对我冷嘲热讽。"然而，袁驰并没有打算放弃，而是决意化悲愤为力量。为激励自己，他还写下了一首题为"创业难"的诗：

众叛亲离鸳鸯散，朋友同事夸我憨。

卖房卖铺强欢颜，左腾右挪行街惨。

欲寻融资未规范，强求上市难登天。

孤雁冷雨归故里，苦灯凄凉照残眠。

创业难！创业难！多磨难！

几多险？香格里拉梦五年。

一尘黑马飞上天！

酒店旅游业在中国发展存在巨大潜力

　　酒店旅游管理是随着经济发展而兴起的一门学科，是管理学的一个分支，其自身有着庞大的发展空间和潜力。随着国际经济全球化发展，旅游业愈加繁盛，酒店业也随之繁盛起来。

　　如今，中国仍是一个发展中国家，约三分之二地区处于尚未开发阶段。然而却伴随着提前到来的污染与水资源紧缺问题。这剩下的三分之二的归宿，自然会属于环保型经济发展，那么旅游业带动经济增长自然不必多说。随着旅游业的发展，酒店民宿业也会兴起，酒店旅游产业在中国可以说有着巨大的发展潜力。

　　迈点旅游研究院(MTA)统计，全国31个省市自治区(不含港澳台)中，酒店民宿数量最多的是云南省，共有5811家。而在单个城市方面，酒店民宿数量最多的是丽江，有2971家。酒店民宿发展有一个特点，即主要集中在长三角、滇西北、浙闽粤等地区，这些地区的酒店民宿形成了各自的特色，并成为当地旅游业的一张独特名片。

　　作为铂涛集团旗下的旅游酒店品牌（铂涛酒店集团旗下包括"稻家连锁

酒店"、"7 天酒店"、"铂涛菲诺酒店"、"丽枫酒店"、"ZMAX 漫潮酒店"等 20 余个酒店品牌），稻家连锁酒店位于独具民俗风情的旅游景区，以为旅游者提供独具民俗风情的住宿体验为宗旨，目前位于新都桥、稻城和亚丁的稻家连锁酒店，以舒适、富有西藏风情为特色，为旅行者带来家一般的轻松自在感受。

拿袁驰的话来说就是："民俗的才是世界的"。

真实版"死神来了"

袁驰还分享了一个惊心动魄的故事。有一次康定折多山，他从稻城回成都采购，当时大雪纷飞，他坐的皮卡车与一辆大货车撞上了，导致他满脸是血，还断了一根肋骨。"昏迷中，我想起了生我养我的父母老无所依，自己付出了五年的青春还壮志未酬，为了事业自己还没有成家立业。我真的感觉很对不起父母，感觉到生命的重要，真是百感交集！"可是在医院躺了一个月，身体尚未恢复的袁驰，又迫不及待地去了稻城亚丁考察市场。

就是凭着这么一股子不服输、不要命的"拼命三郎"精神，袁驰把稻家酒店从一家发展到现在的 15 家，已经占据当地 30% 的市场份额。

为了成就稻家，袁驰说他放弃的是"安逸的生活"。其实，许多有创业想法又迟迟未付诸实践的上班族，最难割舍的也是当下"安逸的生活"，未来的不可预知性是让他们最害怕的。"失败是必然，成功是偶然，渴望成功吧！"袁驰说。

电竞老兵转行AR，要打造中国记忆的早教机

> 我一直把我的荣耀与脸面黏在我的公司与产品上，一荣俱荣，因为我的产品就代表我的品质，我的审美，还有我的荣誉。
>
> ——熊剑明

企业一句话介绍：

央数文化——专注于儿童科技产品的"小熊尼奥"已经将AR技术运用到了幼教领域。

近几年，随着谷歌和微软在头部可穿戴设备的发力，增强现实技术（AR）对于关注科技资讯的人来说早已不再陌生。

高大上的眼镜暂时还没能被商用，专注于儿童科技产品的"小熊尼奥"却已经将这项技术运用到了幼教领域。

学美术的小熊尼奥之父

熊剑明大学时候学的美术，看似与创业的道路毫不相关，但小熊尼奥卡通形象的生动俏皮，与他的美术功底和审美趣味，有着密不可分的联系。

生命中看似不经意的过往，往往都是通向成功长河里的点点滴滴。

怀着对电子竞技的敏锐嗅觉，2002年他便从新华社辞职，开始在电视台做电子竞技节目的直播，创立牛视网，也是最早将烙印无数人青春记忆的反恐精英比赛搬上荧幕的中国人。后来声名远播的WCG（世界电子竞技大赛）便是从他们开始的。

"如果是2005年左右读高中或大学的这一代人，很多是看着我们电视节目长大的。"熊剑明如是说，带着一丝不易察觉的骄傲。

在牛视网的时候，年轻的熊剑明还不能很好地处理天使投资人与管理团队之间的关系。当投资人的意见与自己意见相左时，他很难把控企业的方向走下去。这也是他为什么后来选择离开。

另一个很重要的原因，就是对于在创业路上能够一直走下去的企业家来说，骨子里都有一股不妥协的精神。虽千山万重，而吾往矣。

2008年离开牛视网的时候，准备在电竞赛事直播上另起炉灶的熊剑明，遭遇到了美国金融危机。这场席卷了全球的风暴，打乱了他和美国合作方的计划，搁浅了一年之后，在2010年底，成立央数文化，也就是现在的公司。

在因为金融危机而停歇的这一年里，熊剑明依旧回归到了他擅长的赛事上，和央视合作主办了家喻户晓的希望之星英语风采大赛。赛事的合作方有很多民办培训机构，也正是在这个时候，他开始接触到了教育行业。

在游戏行业浸染了多年的熊剑明，对技术有着血脉里的热忱和贴近，"人们无论是提到AR还是VR，想到游戏层面的居多。因为我距离技术很近，就会想如何把技术与教育结合到一块。"

刚开始的时候，央数把目光放在稍大一些的年龄层，K12（从幼儿园到高中），但是发现这一块并不是很擅长。"低年龄层需求会变得越来越简单，比如两岁的孩子，诉求就很简单，认识一些小动物啊，花花草草，学语言也学不了很多字，因为还没有到那个阶段。"熊剑明如是说，"在这个年龄层，技术能运用到的层面，要更大一些。"

首款AR产品——梦境盒子横空出世

2013年4月，央数文化以小熊尼奥为形象，第一款与电视机结合的AR产品，梦境盒子正式开始发售，但这款产品并未引起太多的关注。2014年11月，增强现实识字卡片"口袋动物园"及系列产品的发售，引起了巨大的市场反响，但同时市场上也开始出现大量同质化的产品。

除了购买优秀的动画知识产权之外，央数文化还要打造自己卡通形象的IP——小熊尼奥，由美术功底深厚的熊剑明亲自设计，并且以自己的名字"尼奥"命名。

"我一直和投资人讲，我是把自己的荣耀与脸面，黏在公司与产品上。一荣俱荣，因为我的产品就代表我的品质，代表我的审美，代表我的荣誉。我会用生命去维护它。"熊剑明如是说道。

与前一次创业不同，熊剑明并没有急着引入投资，而是把公司牢牢地把掌握在自己手中。前期投入的500万元，是自己创业十年以来的全部积蓄。

"孤注一掷，我非常坚定地相信自己的项目。现在有很多的创业者，觉得做个PPT就有投资人愿意买单，这是不现实的。你要知道投资人比你还聪明，连你自己都没有勇气豁出去的话，别人也很难相信你。"

2016年的10月24日，小熊尼奥完成了2.5亿元的B轮融资，获得国内AR/VR最大一笔融资。作为一个伴随着口袋妖怪，任天堂一起成长的那代人，相信熊剑明会做成一款有中国人自己年代记忆的早教机。

逆流而上拿下融资，车置宝"一直在路上"

> 很多人不理解你的时候，必须要有一腔热情，要不然这个事情就黄掉了。
>
> ——黄乐

一句话企业介绍：

车置宝——国内领先的二手车拍卖网。提供上门检测、极速竞拍、即时打款、过户及全国物流运输的一站式服务。

2014年上半年车置宝获戈壁创投2000万人民币A轮融资。2015年上半年完成B轮融资，由九鼎投资和毅达资本联合领投，戈壁创投等跟投，投资总额为3亿元人民币。

在当前中国经济下行压力大，融资难得的情形下，车置宝为何还能取得如此成就？

得政策"厚爱"，偏偏实力也不落人后

政策利好是车置宝备受资本青睐的外因之一。另外，2009年开始，我国乘用车市场呈现井喷式增长。同时根据调查，中国乘用车换车周期大致为5~6年。2015年起新一轮二手车置换周期到来。

车置宝创始人黄乐给了车置宝一个更容易理解的新定义：私家车出让互联网平台。

黄乐介绍，车置宝核心竞争优势在于平台能帮助车主实现面对全国买家的交易。"中国城市之间车辆差价非常大，由于信息透明程度不高，车主多数只能选择当地买家交易。"

通过车置宝平台能进行全国范围内的竞拍询价，最高价即出卖价。同样，平台能帮助经销商采购全国资源，而不仅局限在本地。

车置宝落地的城市，市场占有率都稳居前三，绝大多数城市高居第一。

"好成绩归功于黄乐制定的发展策略，也是贯彻于整个公司的价值观。"作为最贴近黄乐的员工，总裁办总裁助理黄助说。

激情、专注、利他、坚守

加拿大留学期间，黄乐因自身买车经历而了解到国外二手车交易模式。自此，黄乐开始在加拿大做起生意：专门帮加拿大人代购美国二手车。

2011年他发现到处都是买车的声音，市场敏感性告诉黄乐，疯狂买车过后一定是疯狂卖车。黄乐立马决定辞职创业，他带着巨大热情创立了车置宝。

"车置宝创立当时面临很大阻力，自家父母都不赞同。"四年前，从事二手车交易在社会大众眼中俗称"黄牛"，是很"low"的行业。

"很多人不理解你的时候，必须要有一腔热情，要不然这个事情就黄掉了。"时隔数年，现在讲来黄乐依然印象深刻。

新生的车置宝，没有钱没有人，只有一堆亟待解决的问题。怎么办？"只

能埋头干！"黄乐说，"那时候我们只有激情和热血，什么都别想，想太多会把自己吓到，就凭着一腔热血往前冲。"

黄乐的助理这么形容他，"有让人难以置信的激情，每天像打了鸡血一样扑在工作上，就没见他疲倦过，有时候吃住都在公司。"

每天早上八点，上班族还在去往公司的路上，车置宝管理层已经开始了电话会议。

不仅管理层之间沟通频繁，黄乐定期也会带领公司员工团建，一个大party同时也是一个分享会。

这样的活动，帮助团队里迷茫的年轻成员做职业规划，黄乐会用自己的经验言传身教。"年轻人对未来迷茫，你需要认可他。同时指出他的不足，给他信心，这样的团队凝聚力是完全不一样的。"

黄乐说，自己是个嘴硬心软的人，严厉的时候甚至拍桌子砸板凳，但对事不对人。"不管怎样，始终保持一点，在他走出办公室的那一瞬间，他是满怀信心的。"

创业就是我的生活

公司从一个人到一千个人，黄乐也和车置宝一起在成长。

黄乐说，"做企业节奏很重要，想清楚每个阶段你需要解决的问题是什么？要达到的里程碑是什么？不要一味追求多元化，也不能不坚持。"

在总裁助理黄助眼中，坚守是黄乐的另一个标签，他坚持又坚定，展现了作为一个决策者和公司最高领导人的魄力和毅力。

去年年底，资本寒冬的说法盛行。黄乐怕员工会有异动产生恐慌心理，他切实地与员工分享公司的发展规划，把"坚守"二字添进了车置宝的企业文化，给员工吃下了一颗定心丸。

黄助坚定地告诉我们,"老黄是个出色勤奋的领导者和战略家,跟着他,我们很有信心。"

创业在黄乐眼中,其实就是一种生活态度,但他绝对不会为了创业而创业。

一只枕头打开的市场

> 快乐地创业，快乐地面对每一个问题。
>
> ——赵云超

企业一句话介绍：

佳奥——核心产品是睡眠枕，未来致力于解决睡眠问题，在做好核心产品的基础上为有睡眠问题的人群提供定制化个性化服务。

到达上海佳奥贸易有限公司，映入眼帘的是一些精致的摆设和布置，办公室很大，其中一间装着满满的枕头——佳奥的核心产品。

佳奥的前世今生

2004 年毕业于湖南某大学，赵云超毕业后就来到上海，第一份工作是在电子器材公司做销售。一年后他离职，创立了一间礼品公司，针对企业和政府做礼品策划方案、制作以及生产。礼品公司一做就是五年，也发展得比较好，盈利不成问题。可是赵云超有着自己的想法。

2007 年赵云超就开始关注电子商务，最初是因为好奇，想知道好不好玩，慢慢他就有了想要创立一个自己品牌的想法。他跟当时还在念大学的几个朋友沟通后，发现大家想法不谋而合。等到小伙伴们毕业之后，2010 年，他们正式涉猎电子商务，创立了"完美生活"，主营家居产品，如相框、伞等等。

"那时我们还没想到做枕头，或做睡眠产品。完美生活成立了一两个月后，我们觉得这东西太普遍了，没有核心定位。后来无意间看到了一个枕头，就是现在的记忆枕，感觉这个东西还是挺神奇的。"赵云超说，无意间接触到的记忆枕，以及他和身边的人被睡眠质量困扰的问题，令他察觉到这个市场可能会有商机。

凭借前五年的创业经验，他认为自己在商业方面还是嗅觉比较敏锐的。并且他预测，随着时代发展，往后人们的睡眠更是个大问题。于是赵云超在天猫上注册了佳奥，在淘宝上销售。严格意义上，佳奥首先是间网店，后来才是实体的公司。

艰难的第一年

令赵云超印象最深刻的是佳奥成立的第一年。整整一年，他们四个创业者只休息了一天，就是国庆那天。其余每天从早上七点钟工作到凌晨两点钟，有时候通宵，就这样坚持了一年。而且那一年里，他们都没有发工资。听到这里，笔者想当然以为创业第一年，他们还难以实现盈利，所以没有发工资。

赵云超笑了，说其实佳奥第一年就盈利了，而且盈不盈利跟发不发工资没关系。"创业嘛，如果你开始想自己拿钱回来，你怎么创业？赚钱了要往里边投钱啊。"就是这样的一年，也没有让赵云超觉得特别的苦。他说自己已经创业五年，知道其中艰辛。而且那时，他们每天为了货去跑货源，去跟工厂沟通，所有人都没有埋怨，也没觉得辛苦。

有一次，在"聚划算"的活动频道里，佳奥收到了三四千份订单。可是临发货时却被工厂卡货了，这是佳奥第一次被供应商卡货。他们只好给每一个客户打电话解释，跟客户请求延长收货时间并送小礼品，得到了客户的谅解。

为了解决这件事情，赵云超和他的团队两个月没做生意，最后以给工厂加价的方式要了这批货，然后发给客户。"经商之道在于诚信，虽然亏钱了，但把事情解决了就很开心。经过我们两个月的努力处理，佳奥收到的客户投诉少于10单。"

快乐地创业，快乐面对每一个问题

"每次最开心的时候就是碰到问题，所有人一起解决，而且能解决好，这是最开心的时刻。可能对于创业者来说，都比较享受这种挑战和征服的感觉。"赵云超说，佳奥成立六年多以来，仍然有一批忠实的员工一直跟随，这就是最值得开心的事情。

不管是创业还是生活，都会碰到很多问题。在赵云超看来，这都是很正常的事情。"企业发展必然要经历的一个过程，哪家大企业没有经历过呢？所以有什么好烦的，这是一件很艰苦的事吗？我不觉得。"

在2010年，记忆枕还不像现在这般普遍，那时的枕头都是用纤维做的。普通的纤维枕是头靠在最高点的地方落地支撑，头部受力比较集中。受力集中就容易压迫神经，影响血液循环。而记忆枕是平均受力，属于零压力。

随着城市的发展，上班族们的睡眠问题、亚健康问题越来越突出，除此之外，学生群体的睡眠问题也日渐突出。佳奥在记忆枕还没成为主流的时候进驻市场，如今已经发展为互联网上综合实力前三的睡眠枕公司。

创业，心态要平稳

在这个追逐物质和资本的时代，许多创业公司会求速度，想要发展得很快，想要迅速获得融资，想要上市。但佳奥给笔者的感觉是以实业为主，也是以产品为主的公司。虽然是网上排名前三，但佳奥至今未进行过融资。

当笔者问及有融资的计划和想法吗，赵云超抿了口茶，再慢慢放下茶杯，说："有，但是不急，我没主动拿方案去谈过融资的事。还是要先把产品这条线做好，把产品的核心问题解决了。"

从只有4个人的创业团队到如今拥有90名员工的公司，佳奥成立六年，加上之前礼品公司的五年，经历了创业十一年，赵云超的心理发生了不小的变化。

面对"目前心境如何？"这一问题，赵云超忍不住笑了："你在问这个问题的时候，我在想，我是不是理念和心态都有点偏老了。不过我在同龄人里一直算是比较沉稳吧，读书的时候很多想法就跟别人不一样，比如说他们打游戏，我不打。我也喜欢玩，但玩的同时我喜欢去思考很多东西。"

赵云超认为，商人都有或多或少的"赌徒心理"，有时做决策确实需要这样的"赌徒心理"，但他不会拿他的团队和公司去赌。"比如说电子商务行业里的某个技术，未来是蓝海，我要转到技术型，那我不会拿现在这个团队的人去赌这个技术领域，我会花钱重建一个新的团队做这个事情。"

往最好的方面想，做最坏的打算

往最好的方面想，做最坏的打算。

——但捷

企业一句话介绍：

言几又——集书店、咖啡厅、服装等服务于一体的综合型文创空间，覆盖北京、天津、上海、成都、西安等多个国内城市。

笔者和言几又创始人但捷的第一次见面是在成都来福士广场的"言几又"。貌似是一间新店，很大，3层中间的一整块"水景平台"。幸好不难找，电梯上去时一路看到有指引。笔者对但捷的第一印象是"年轻、帅气"，看起来像是介于男生和男人之间的样子，开口却异常成熟稳重。

岁月似乎并没有在他脸上留下什么痕迹，只是磨炼出了他身上的一份气质。

创业是因为想要自由

当笔者问到但捷为什么想要创业时，他说自己喜欢挑战，希望自己能控制未来的发展，个人想法比较多，不适合固定的工作。然而有意思的是，他并没有尝试过他口中的"固定的工作"。大学毕业之后他就开始自己创业了，也没有去到任何一家公司工作。

正所谓"没有调查就没有发言权"，笔者试图提出质疑，"既然你没有尝试过，你怎么知道自己喜不喜欢，合不合适？"但捷说，"我不用尝试我就知道自己肯定不喜欢，那种（固定工作）可能会有太多的限制，比如说朝九晚五，所以我才要选择自己创业，至少我可以决定自己的时间。"

可以看出他是一个很追求自由的人，只是没想到，他选择了创业，也并没有得到他想要的自由。"越到后来越发现其实时间更不自由，因为你的每一天都被现在各种各样的事情占满了，别人是朝九晚五，我们是朝六晚九，并不是想干什么就干什么。"但捷说，既然时间上无法自由，至少财务上要自由。现在对他而言，时间自由应该是排在财务自由后面。

十二年只做了一件事情

早在大学期间，但捷就在学校里面卖一些小商品，尽管他不认为那是在创业，而定义为那是一种社会实践和体验。2001年到2004年的时候，他在重庆开了三年的网吧。"网吧还挺赚钱的，就是社会名声不太好，整个社会的舆论都认为网吧对青少年是有害的。"于是2004年，他把网吧关了之后，开始开书店。

这一做就是十二年。2004年，最早的时候在重庆经营"千千阅读"，千千阅读也是一个连锁书店品牌。到了2012年、2013年的时候，但捷想，开始做一些转型和变革吧，经过测试后，推出了"言几又"这个升级的品牌。"这是个延续的过程，从2004年到现在已经12年了，其实我一直是在做书店和书店衍生出来的产业这一块，实际上我的经历还蛮简单的。"但捷略带羞涩地笑了笑。

2013年第一家言几又诞生在北京的中关村大街，到2016年，言几又已经遍布北京、上海、天津、成都、西安，接下来还会进入广州、重庆、杭州、厦门、武汉等城市。短短两三年时间，言几又全国化布局的步伐和进程其实很快。"近两年可能是我们爆发式增长的阶段，我们现在一年的开店速度，可能

超过我们原来 10 年的开店速度。"但捷介绍说，与此同时，团队的队伍也迅速扩大，2004 年最初开书店的时候只有七八个人，现在团队已经超过 400 人。

以前的"千千阅读"是纯书店经营，现在的言几又是打造一个文化生活空间，集书店、餐饮、服装等生活消费于一体的综合服务空间。但捷说，在经营书店的过程中，他和团队经常到国外参观和学习，看到了两个趋势：一是实体店要综合化，复合经营和跨界经营是必然趋势，国外大量的店都开始这么做。二是需要增强体验性，需要互动性和现场性。结合国内的特点，就把书店引向了结合化和体验化的道路。

"未来大家到言几又，不一定是来买东西的，我们还能给他们更多体验式或者服务式消费。他也未必一定要买个东西走，言几又可能成为一个社交的、公众的场所，我们是往这个方向在转型。"但捷说。

对得失处之泰然

在创业的过程中，困难一直都存在，不管是在初期还是中期阶段。然而但捷不管是对待成功还是失败，心态都特别淡然。"压力可能会有，但是我不至于压力大得特别焦虑，或者睡不好觉什么的。跟其他创业的朋友交流，他们经常会焦虑到睡不着觉，但我还是天大的事情，该睡就睡、该吃就吃。"他说其实自己遇到的问题一点也不比别人少，之所以没有特别焦虑可能是心态比较好，自我调整能力比较强。

"创业路上，钱永远都会缺，在任何阶段。只不过可能以前缺个十几万，现在缺个几百几千万。但现在缺几百万我也不焦虑，我觉得车到山前必有路，你只要努力去做好就行了。"但捷说，从创业的第一天开始，他就往最好的方向憧憬，然后做最坏的打算。就是每天想好的东西，但是做好应对"坏"的准备。

在创业的过程中持续地去做到原来做不到的一些事情，就会有成就感，但捷认为这可能是创业过程中，唯一能保持乐趣，或者充满希望的一点。如果连这点都没有，那创业就没有意义了。

"比如说我们看到很多原来比我们做得好的竞争对手，在一个阶段内他可能是我们需要去仰视的对手。最后我们通过自己的努力，通过时间，通过我们的追赶变成了平起平坐，平视甚至是俯视了，这是蛮有成就感的。"

城市游牧者

> 旅行不会改变世界,却能改变看世界的眼睛。
>
> ——乌拉

企业一句话介绍:

黑眼睛人文旅行——小众轻奢的定制旅行服务公司。

一个随时上路,随时出发寻找世界的人,皮肤没有想象的黝黑,可是乌拉的手确实是够黑,手掌有着深深的手纹。说起话,手臂会不自觉摆动,有种演讲家的感觉。笑起来,眼角还有些皱纹,看上去一个有些粗犷的汉子,说起话来,却是温文尔雅。

乌拉,黑眼睛人文旅行的创始人,一个走过万千山河、见过世事迥异的80后,一个复旦法学毕业的研究生,舍弃律师前途在路上的追梦人,在这个世界闯荡着,分享着。

"我不想做学佛之人,而想做一个佛学大师"

"从2006年左右,登雪山的那一队人,除了转行的,都死得差不多了。"说这话的时候,乌拉有种不以为然,看淡生死的感觉,他曾经也跟人拴在一条绳子上登雪山。

未去过拉萨的人,对那里充满了无限向往;未看过山川大地的人,永远受到臆想美景的诱惑。对拉萨,很多人都有想象在那里,那里的佛教文明,那里的蓝天白云,那里是一个有信仰的神圣地方。

乌拉说他去过拉萨一百多次了,觉得拉萨是人类精神的源头,对拉萨有独特的情节,也曾碰到佛学大师,但是语言成了沟通的障碍。

"我不想做学佛之人,而想做一个佛学大师",乌拉引用梁启超的一句话说,"如果进入到一个有信仰的状态,就无法去研究,因为信仰就要求人去彻头彻尾的相信。"

"都说转山转水转佛塔,现在大部分拉萨年轻人都不信佛,反而内地的这种信佛的风气越来越重。"乌拉说。

对于信仰,关于佛学,乌拉有自己的思考。对一些朋友他也会问,你信的是什么?你在修什么?这些信仰,修行给你带来了什么变化?可是,很少有人能真正回答出来。

曾驾车五万里,寻找人类文明和自然的源头,对于人文的探寻、佛教的历史、现在社会的思考,从未停止。

旅行不会改变世界,却能改变看世界的眼睛

说起黑眼睛人文旅行,很多人首先想到的是顾城那首经典的《一代人》。但是乌拉说:"我更喜欢康德的一句话,'人不是工具,而是目的'。我们要做的是与对的人,在对的时间,去对的地方,做与心灵有关的事情。"

有多少人有着"世界那么大,我想去看看"的冲动。又有多少人,面对现实,摸了摸自己的腰包,看了看自己的时间安排,陷于"钱包那么小,哪也走不了"的自嘲,然后埋头于无奈的纷扰中。

很多人都有一个旅行梦,一个属于背包客的梦想。但是现实面前,梦想显得微不足道。看上去是金钱、时间、家庭等限制了我们的脚步,实际上是

勇气。

"我只是比你们更勇敢一点，放弃的多一些而已，你们也可以去走遍想去的地方。"乌拉说起朋友的羡慕，觉得生活有无限可能，取舍而已。

刚从西双版纳回来的乌拉，在那里拜访了同是复旦毕业，如今选择在西双版纳归隐的朋友，感触颇多。"他在那里有茶山，盖了房子，朋友来可以喝茶、喝酒，如果不要求大富大贵，这样的日子也很舒适。"

生活的可能性不只是每天的两点一线，还有很多意想不到。乌拉说："我遇到的有哈佛回来养鸡的，做独立写手的，边玩边做代购的，还有义工旅行。"

"以前对很多事情不懂得理解，现在我觉得即使不理解，至少我会试着尊重。"最初的热血青年，到经历了无数的人和事，看到世间的悲喜，人性的善恶，乌拉将走过的路化为对这个世界的感悟。

"行万里路容易，读万卷书却成了最难的事情"

从祖国的山川河流到历史的探索，名人的评述，国家的发展，宗教文化的了解，乌拉跟笔者娓娓道来，"除了工作和陪家人，大部分的时间都用在看书。"

高考时，乌拉的成绩在全市排名前四，说到这里，他还带有一些自豪的笑意。学霸的他被提前录取，阴差阳错成为理工科学生，但是对人文更感兴趣的他却也将图书馆里文学和历史类的书籍看了一半。

每到一个地方，除了实地考察，事先感受当地的文化，乌拉还会翻阅大量的资料去了解当地的文化特色和遗留的人文地标。

古人说，读万卷书，行万里路。读万卷书容易，行万里路难，而乌拉认为，"现在对大多数人来说，行万里路容易，可是读万卷书却成了最难的事情。"

"元旦要到元阳拍一部当地的梯田和人文片，过年准备去贝加尔湖探一下路。"说起来匆忙行程，不知有多少人对这些未知的景色神之向往。然而见过无数叹为观止的景观的乌拉说："我现在对风景并不痴迷，开始因为某个人而对某个地方充满期待。"

除了作为一个在路上的旅行者，他还是一个写作者，在蚂蜂窝网有自己的专栏，用一种魔幻的手法阐释路上的人生世界。

2012 年到 2014 年三年的时间，从内蒙古到新疆、青海、甘肃、西藏、四川，几乎每个省的小县城乌拉都开车走过。"超级累"，这大概是包括乌拉在内每个创业者的心声。

以前最多在上海呆三个月，现在有了家庭的乌拉，尽量选择留在上海多陪陪家人。

"生活超过一年的城市都有七个，内蒙古鄂尔多斯，河南焦作，大连，山西……"家乡在乌拉的心中不知道在哪里，也许在上海，也许只存在他的心里，而他将自己定义为"城市游牧者"。

"这杯百亿果汁,我干了"

一个品牌从出生到粗放式的发展,最终培养出忠实的品牌消费者,需要长时间积累。

——何绍杭

企业一句话介绍

开心丽果——专注于提供天然、健康、无添加100%鲜榨果蔬汁的连锁机构。

大众点评联合创始人龙伟说,"何绍杭,低调、敢闯、执着、拼搏的浙商典范,有他领航,开心丽果定能远航。"

牛投网CEO郭海峰说,"开心丽果,健康饮品界一匹大黑马,黑马社群为之摇旗呐喊,牛投众筹爆款招募。"

58到家CEO陈小华说,"何绍杭,我心中的黑马学霸。"

飞马旅创始人、零点有数董事长袁岳说,"有飞马旅和零点全力支持,开心丽果尽管策马奔腾。"

酒仙网董事长郝鸿峰说,"看好开心丽果以新鲜果汁为入口,构架健康产业服务大平台的宏图。"

丰厚资本创始合伙人杨守彬说,"找对了方向,做对了产品,才能在成千上万的项目中脱颖而出,开心丽果,我看好!"

一位被大咖不断称赞的浙商何绍杭,一瓶获得上万风投资金的新鲜果汁,一个"原生态果园+新鲜果汁O2O+移动社群"的商业模式,还有10多位投资者的青睐，如何领先果汁饮品的市场?

"0—1"的选择

开心丽果是何绍杭的第三次创业。第一次创业是生产运动休闲车，主要做出口，由于金融危机的冲击，移居上海；第二次是在杭州做预付卡，后来被一家大的企业收购，成功退出。

2011年，关注到饮料行业是在何绍杭游学期间，当喝奶茶在中国正成为一种生活习惯时，国外很多果汁连锁企业已经做到相当大的规模。

国外的生活和经历，让何绍杭看到，中国的果汁市场未来会成为一个朝阳产业。

"我们的目标人群是25岁到35岁年轻白领，女性占80%，20%是男性。所以选择商铺的时候，决定开进商场和写字楼里面，面积不大，二三十平方米。"2012年6月份开心丽果第一家门店在上海一栋写字楼内正式开业，何绍杭开始了百亿市场蓝图第一步。

之后他为了更好地提升自己和管理团队，2013年攻读上海交大EMBA。2014年加入飞马旅，向投资人请教。接着跟各资本方接触，"让自己整个战略格局层面提升了"。

为了打造真正"安全、健康、无添加"的天然饮品，开心丽果在江西、安徽和海南等地建立了上万亩的原生态果园基地。尽管开心丽果的成功被其他品牌复制，但是完整的供应链形成的低价格成为开心丽果独特的竞争优势。

"1—1000"的发展

每个月推出不同的果汁系列，每15天推荐一款创新的果汁产品，由上海的一家门店到全国两百多家。开心丽果的发展就像建立一个果汁城堡一样，一

砖一瓦，均是看得到的成绩。

目前来说果汁饮品行业在国内有 300 多个品牌，但是存在分布不均、模式传统、规模偏小等缺点。面对这些不足和发展瓶颈，何绍杭制定了自己的发展策略和盈利模式，"一、二线这些大城市、跟省会城市我们直营控股为主，三、四线城市做一些城市代理跟加盟。现在主要盈利一个是门店上的收入；第二个是线上渠道建设，比如公司会议、商务活动、派对、生日还有婚礼等线上定单；未来我们会给加盟商和代理商水果供应的收入。"

近些年环境污染引起了公众对食品安全愈加关注，开心丽果专注于打造"无水、无糖、无添加"健康果汁，受到很多顾客和投资人的青睐。经过天使轮和 Pre-A 轮融资，开心丽果分别获得飞马基金和臣易资本与京东资本、黑马牛投的数千万人民币投资。

2015 年 5 月和 2013 年 6 月两次被评为现制饮品放心示范品牌；2015 年 12 月获得上海浙江商会颁发的"创新创业奖"；今年七月荣获 2016 CCFA 金百合连锁品牌（餐饮类）最佳人气奖。

"未来三年我们希望能够开到 700 到 1000 的门店。"何绍杭要向果汁饮品大头看齐，"美国 Jamba juice 是美国纳斯达克上市企业，目前有 1000 多家连锁店，澳大利亚 Boost juice 有 400 多家，加拿大 Booster juice 有 300 多家。"

未来的无限可能和挑战

据《利乐果汁指数》显示，2012 年至 2015 年，功能型 100% 纯果汁产品年复合增长率为 31%，以蔬菜汁作为主要成分的新产品，年复合增长率则更是高达 43%。"天然健康"成为消费者选购 100% 纯果汁的首选因素。

"未来线上我们也要做得很强才行，因为互联网提高我们整个运营效率，便捷与消费者的沟通，生产服务这些，还是线下进行，今后需要两个拳头都硬。"开心丽果结合线下连锁门店和全城配送系统,实现运营的互联网化。

目前开心丽果门店主要布局在华东地区,上海、杭州、苏州、南京等地,未来计划门店遍布全国,并进入海外市场,成为新鲜果汁领域的翘楚。

随着不断增加的线上订单量和线下门店的扩张,何绍杭又要面对新的挑战。他坦言,"人才体系和培训体系的建构成了当前开心丽果面临的重大挑战。"

未来,何绍杭能否实现一杯果汁的百亿事业宏图?能否带领开心丽果成为新鲜果汁行业的独角兽?

我们拭目以待。

做一个幸福的人，向死而生

> 幸福都是免费的，父母尚在，子女可以尽孝还能享受父母的爱；有事业，愿意为之奋斗，不管前方有多少困难，内心是坚定而喜悦的；有家庭和爱人，不管多晚回去，总会有人为你留一盏灯。
>
> ——马雷

企业一句话介绍：

一空网——一站式后人生（殡葬）服务平台。以"文化＋一站式服务平台"方式来改善殡葬行业，完善整个服务供应链，使殡葬业回归其文化本质。

马雷，后人生一站式服务平台——一空网创始人。他将殡葬搬到互联网之上，搬到阳光中，让更多人理解死亡，珍惜当下。

之所以取名一空网，马雷有自己的想法，他说："'一'来源于道教，道生一，一生二，二生三，三生万物；'空'是来源于佛教，万象皆空，空者不空，空即是有，有即是空。"

生是偶然，死是必然

马雷的父亲是医生，从小就生活在医院旁边，离手术室很近。"医院里的生死与伤痛，我从小看到的东西就比正常人多"。直到他11岁时，看到有个同龄的孩子意外离开，小小的他开始萌发对死亡的想象，了解和思考死亡这一自然现象。

初中在学校玩耍时伤到动脉，这是马雷第一次从鬼门关走一遭。大学毕业就想从事墓地开发的工作，因家人反对，不得不选择房地产，以地产开发的理念开发墓园。

有人说，这世间，除了生死，哪一件都是小事。

"2014年3月手术，由于麻醉失败，我带着知觉感受每一刀划过肉体的痛苦，当我第二天看到一束阳光照进病房，发现这就是新生与轮回。"又一次在鬼门关前转一圈的马雷下定决心从事殡葬行业。

殡葬虽然是"衣食住行、生老病死"八大行业中的最后一类，但是长久以来处于不可说的局面，不理性的殡葬随处可见。

"生是偶然，死是必然。生命的长度我们无法预测，生命的宽度和厚度我们可以活得更精彩，无悔这一段时光旅行。"马雷用自己对生命的感悟，想要改变社会对殡葬和死亡的认知。

"每一天都是新生，每一天也都是轮回，轮回在岁月里，轮回在感悟中。人死后精神依旧，这就是灵魂；肉身不在，精神依然活在人们的记忆里，这就是新生。死亡是每一个人类的终极归宿，我们的生命将由新生延续。"在面对生死已经变得坦然的马雷看来，灵魂与精神有关。

我在另一个地球等你

2011年年底马雷的前女友做了一场胃癌的手术，手术极其失败，而她的生命只有大约半年的时间。"那些日子我陪她四处旅行，每天都在生死之间徘徊，很珍惜每一分每一秒"。

这个经历深爱之人离开的男人，也曾失声痛哭，用酒精麻痹自己。也曾多

次一个人漫无目的地在大街游荡，经历灵魂的折磨。幸运的是，他经历之后感悟到了生命存在的意义。

"她走之后的三年，我过得比较挣扎。当想明白，感悟到生命的意义，我在坐飞机的时候写了这首《我在另一个地球等你》的歌词，写完抬头看见飞机窗外出现一条像微笑一样彩虹。"说着，马雷好像回到了坐飞机的那天，所有的记忆历历在目。"当时回上海，狂风暴雨，几乎没有航班降落成功，但是我们在虹桥机场成功降落。"

除了这首歌，马雷第一次用音乐表达的创作是《骨灰级的浪漫》，灵感来源于他的同事拿着3D打印的骨灰盒向自己的男朋友求婚。在别人看来，骨灰盒非常压抑，但是马雷却被深深触动，他感动于这种生死相依的爱情。

也许是经历了最大的痛苦，也许是看多了别人的死亡，心灵的触动无处表达的时候，音乐成了他的寄托。马雷为殡葬行业创作了5首歌的歌词，每一首都有故事，有他对生命的感悟。

"我并不是职业写歌，真实情感和感悟足够的时候，每个人都能创作。"

"无生无死，春在花枝"这是马雷用了两年的时间写的歌《空》里面的歌词，马雷希望人们对死亡有一种向死而生的态度。

不浪费时光是对生命负责

自从身体出现问题，从死亡线上回来之后，马雷才真正理解前女友走前留下的遗言，"答应我你一定要幸福"，悟到了"死亡是最好的老师，经历死亡会让人看的很清楚"。他也彻底下定决心做殡葬行业。

父母的不支持，成了马雷当时从事殡葬行业的最大阻力。"父母觉得我还年轻，对死亡无法理解，每天面对死亡会让我变得抑郁。"

无论是父母的反对还是社会的不理解，从下定决心的那一刻开始，马雷丝毫没有打过退堂鼓，一直用行动证明自己，坚持自己的选择。

创业的苦在马雷看来是一种享受，"这是我骨子里喜欢的并愿意为之奋斗，不管过程和结果如何，始终如一的坚持，任何过程都会觉得是很幸福的。痛苦和磨难都是人生必然要经历的过程，应该享受着创业的路上风景。现在觉得每一天都过得幸福，只要活着。"

"父母尚在，子女可以尽孝还能享受父母的爱；有事业，愿意为之奋斗，不管前方有多少困难，内心是坚定而喜悦的；有家庭和爱人，不管多晚回去，总会有人为你留一盏灯。"这就是马雷彻悟之后对幸福的理解。

"亲人的离开之所以痛苦，是因为陪伴太少。"跟朋友一起坐飞机的时候，醒来看到朋友的爱人躺在朋友的肩膀上熟睡，他明白了陪伴的意义。

"孝在当下，先人安乐，后人安心。"这不只是殡葬行业想要做到的，更是每个人想要做到的。

一个艺术生的科技梦

> 兴趣不仅是最好的老师,也是最好的生产力。
>
> ——许峰

企业一句话介绍:

圈圈科技——万物可读,场景信息搜索引擎。

"用游戏化的方式连接场景信息与用户"。这言简意赅的十六个字,大概就是许峰和他的团队,对圈圈科技最准确的定义,以及对圈圈未来发展方向的期望。

艺术生到科技神的"折腾"

很难想象站在互联网技术风口上的许峰,在大学时学习的是油画专业;也很难想象一个艺术生对物理有着独特的情结。

许峰说,他上学时物理成绩一直都是 98 分或者 100 分,一直以来都励志成为一个科学家,但是化学成绩和别的成绩特别差。用许峰的话来说就是,上学的时候没有这个"通道",上不了理科班,就只能上文科班,最后成了一名艺术生。

艺术毕业的许峰并"不老实",在毕业以后就开始了他的"折腾"人生。

不得不说,许峰是一个"嗅觉"很灵敏的人。

早在 2005 年许峰就组织了一个电子竞技的半职业战队，然后是一个全国性的电子竞技比赛。那个时候我们将玩电脑游戏入迷的人称为"网瘾少年"，他就开始了竞技摸索。由于没有资金支持，一年之后就无法继续。

2007 年的时候，许峰买了人生中的第一辆车。他说，"当时觉得每次开车的时候，四个座位都是空着的，就开发了一个网站，网站车主发布自己的行程，几点钟从哪到哪，别人可以坐顺风车。"这可能是中国最早的一个拼车网站。好景不长，没多久许峰的网站就被叫停了，原因是被误认为提供非法运营。

到了 2010 年，3G 手机开始流行，许峰看到了直播的可能性。他开发了一个手机软件和一个网站用来直播酒吧的现场视频。但是流量费也是贵的惊人，许峰说，"那时候不知道有风险投资，自己花钱，所以就做不下去了。"

之后许峰去了国企上班，本来该是安稳的生活，可是他在 2014 年又辞职创业了。这次辞职是因为他看到了 AR 的未来，于是创立了现在的圈圈科技。

"曲线救国式"的创业理想

许峰描述了这么一个场景：同一个学校的校友在平台上消费的每一块钱都进入这个学校的账户。有了钱以后，学校可以请最好的科学家来给大家讲科学知识；最好的篮球教练来教大家打篮球；最好的足球教练教大家踢足球。让孩子有很多尝试的空间，知道自己喜欢什么。最终成立一个基金，给学校创办各种兴趣班，让孩子知道往哪个方面努力。

爱因斯坦说，"兴趣是最好的老师"；许峰说，"兴趣也是最好的生产力"。

很多人不知道自己的天赋爱好，很多人知道自己的爱好却没办法完成最初的愿望，因为他们没有认识自己和发展自己的通道。许峰就是想要创造出这么一个发展每个人天赋的"通道"，让个人产生最大的价值。

创办公司只是许峰"曲线救国"理想的第一步。

2014年许峰拿到了英特尔中国区总裁和飞马旅的第一笔投资。这件事情让许峰印象很深刻。他觉得有些激动，有些难以置信，没想到真的会有人投钱。这也让他对自己的项目增加了不少的信心。

虽然目前公司规模并不大，但是许峰对自己创建的这个团队非常满意。"我们有很棒的团队，奇妙的创意，简单的生活和无限的热情"许峰这样介绍自己的团队。

许峰的创业理想是带有个人情怀的。他觉得一个善意的、可以帮助大家解决一些问题的理想才是支撑创业者坚持的动力，承受别人承受不了的各种压力的最大动力，它绝对不是钱。

已经34岁，没对象，没结婚的许峰也坦言家里面的压力还是很大的，有些后悔自己没有早一点结婚。即使这样，被问"再给您一次机会，还会选择创业吗？"他还是斩钉截铁地说："创业"。

AR技术市场不容小觑

虽然AR行业处于起步阶段，但是在未来市场存在巨大的潜力。根据Digi Capital预测，至2020年，全球AR与VR市场规模将达到1500亿美元，而AR技术的市场规模是VR的四倍，将达到1200亿美元，年复合增长率超过200%。AR技术未来会广泛应用于旅游、家居、游戏、教育、医疗等行业。

"万物可标记+万物可读=立场价值"，这是许峰给圈圈的价值主张。

谈到对公司的未来发展方向和期望时，许峰对圈圈本身的定位和后续的发展认识非常清晰。"像我们这种小公司，没有办法一下就切C端，我们现在切的是B端，给商场、景区、博物馆提供相应的服务，通过一个个线下场景去积累应用场景，收集数据，提高核心竞争力。线下场景的市场占有率足够多了以后，再推 C 端，这更容易给用户带来价值。"

其实，无论是圈圈还是 AR 技术本身，在许峰看来，都是实现理想，让整个世界可持续发展的一种工具。

许峰的创业路其实也是他对生活的思考之路。无论是组织电子竞技比赛，还是创立拼车网站，亦或是现在的圈圈。这些都是他对生活的思考和强大的执行力。

"就像玩游戏一样，要有上帝视角。"这就是一个艺术生科技逆袭之路的秘诀。

最靠谱90后的理性创业

> 我是注定要创业的。
>
> ——刘瑶

企业一句话介绍：

Esun 智鼾垫——一款用于治疗鼾症的智能产品，配合 App 使用。

鼾症，俗称打呼噜。不知道你是否也有此类现象，或者家里有人正被困扰。医学上，鼾症也被称为"睡眠呼吸障碍症"，目前世界上治疗鼾症的公司和产品都不多，Esun 智鼾垫是其中一款。

游戏里的商业经

刘瑶，Esun 智鼾垫创始人兼 CEO，毕业于中山大学医学专业，在读期间同时辅修创业管理学双学位。刘瑶对于商业的兴趣从小就有。"小时候跟身边的小伙伴玩各种各样的游戏，可能我不是最厉害的那一个，但我永远是最有钱的那一个"，她有几分得意地说。

在刘瑶念初中时，有一款叫"梦幻西游"的网游风靡一时。当别人都在打怪练级的时候，她一有时间就在游戏里逛小摊和店铺，买东西。后来出了一个武力和财富的排行系统，她偶然点进去发现自己居然成了全区最有钱的人。

"我当时特别好奇那些东西的物价，逛到便宜的东西就买回来存着，之后再卖出去，常常一转手就赚好几百万。"回想起当时玩游戏的那一段经历，刘瑶笑着说，相比现在创业，其实那才是真正的"做生意"。

专业和兴趣相结合

毕业之后，作为医学生的刘瑶进了一间咨询公司做咨询顾问，本意是想锻炼一下自己。工作一年后，她拿到了公司华南地区的唯一一个最佳新人奖。她觉得自己的能力得到了证明，是时候跳出来了。在2014年年底的时候，刘瑶离开了公司，决定自己创业。

至于为什么选择在这个领域进行创业，刘瑶说学了那么多年的专业，总要学有所用，而且她父亲就有打鼾症状。作为医学专业出身的她深知，如果打鼾发展成为睡眠呼吸障碍症，很有可能造成全身器官病变。

随后，刘瑶在广州做了一项约500人样本容量的随机调查，发现其中80%的人表示自己有打鼾问题，或者受到身边人打鼾的影响而导致睡眠问题。2014年，国外医学杂志上报道了一种针对打鼾群体的"体位干预疗法"，然而这是一个很难受的方法。

"在你的背上背一个类似网球或是龟壳一样的东西，让你只能保持某种睡眠姿势，一躺下来就会被顶着，但是它对鼾症群体是有效的。"刘瑶介绍说，既然它是有效的而且得到医学上的认可，那能不能通过技术改善让它更加舒适，即在保证产品有效性的同时提高用户舒适度，更加医学地去看待这个问题。

关于团队的那些事儿

彼时，她找到了合伙人朱王勇，对方是中山大学的医学博士。这就是最初的团队，一个概念，两个人，别的什么都没有。然后一步步从找人、找技术、

做产品、找资金……到现在，每一步都走得很辛苦很艰难。而刘瑶在说起这些的时候语气平淡，看得出来虽然很艰辛，但她和她的团队依然稳扎稳打地一步一步走了过来。

团队的集齐是让刘瑶感触最深的事情。最初团队只有两个人，他们只好到处去找人。"我就参加广州深圳两地各种创业活动，然后但凡遇到合适的就去聊，去'勾搭'，隔了两三个月，才挖来了我们第一个CTO。"刘瑶说道。

这位挖来的CTO是她在一个创业沙龙活动上认识的，当时CTO刚从上一家公司离职准备去BAT，在活动上10多个人组成一队做小模展。后来刘瑶就带着她的医学模式去跟CTO吃饭聊天，CTO考虑了一下就决定加入。

这还算是比较好的经历，比较惨的是在挖技术和硬件工程师时。当时刘瑶看中一个硬件工程师，觉得还不错，聊了一次对方说会考虑。"有一天我凌晨开车回深圳，大概12点多的时候，刚到深圳就接到合伙人电话，说之前聊的那个技术说有兴趣，问我们今晚有没有空，他时间比较赶，人在萝岗。"因为此前已经跟父母说过要回家，刘瑶当即打了个电话跟父母解释，然后立刻从深圳赶回广州跟那位技术男聊，结果聊完之后对方决定不加入了。

意外邂逅第一笔融资

公司得到的第一笔融资缘于一场美丽的意外。一次，飞马旅的投资总监来广州看项目，刚好在附近找咖啡厅，进来后才发现这是个创业社区。那位投资总监就向前台打听是否有好的创业项目可以推荐。

"那个时候楼下好像都是一些比较搞笑的包括做心理学，做设计的项目。前台小妹想了一下，好像只有我们看起来还比较正常，然后就推荐了我们。"刘瑶笑着回忆说，那是炎炎夏日里的一天，她还正在经历重感冒，头脑都不清晰。就在接受采访的这间房里，她跟投资人简单介绍了一下项目。

后来那位投资人把刘瑶的项目推荐给了同事负责跟进，由此刘瑶获得了一笔由飞马基金投的资金。

刘瑶说，"有了这笔融资之后就顺利了很多，因为在这之前都是我们几个创始人用自己的工资先撑下来，包括发工资、做研发。但是到后面阶段要准备量产，要准备销路，如果没有投资的话，可能真的就挺不住了。"

这笔钱来得很及时，生产和销售都通过这笔融资跑起来了。目前通过电商销售渠道公司已经陆续走向自负盈亏，达到盈亏平衡的状态。

记得一位创业者曾经说过，融资是一场艳遇，可遇不可求。但只有在平时把自己的产品做好，把公司经营好，当机会降临时才能被幸运之神眷顾。

一个玩笑，诞生了一家物流新秀

> 我的目标是，2025年估值达到百亿，2035年到千亿。
> ——陈泽平

企业一句话介绍：

上海斯菲尔物流——国内领先的无车承运的物流服务平台，旗下产品包括：斯菲尔智慧物流云平台、移动端产品、司机端菲鸽传输、微信货主端。

2016年12月14日，上海斯菲尔物流作为上海市首批40家试点企业之一，正式拿到上海市交通委员会授权发放的普通货运（无车承运）经营许可。这意味着这一行业的合法化、正规化。

斯菲尔物流CEO陈泽平表示，这一"含金量颇高"的牌照有利于公司在资本市场的发展，对公司未来的上市计划具有一定帮助。

因为一个玩笑走上了"创业家"的不归路

"我上大学的时候开始接触到电商、网购，听周围同学都在抱怨包裹乱扔，服务很差，就开玩笑说，我去拯救这个行业吧。"陈泽平笑着耸耸肩。谁知玩笑开着开着，他真的开始行动了。

正是因为这句玩笑话，当时在读大三的陈泽平懵懂地踏上了漫长无边的创业路。

爸爸反对他创业，认为没有一点工作经验和社会阅历的儿子只是"愣头青"，读书已经这么累又何必去创业。妈妈却很支持，相信自己的儿子一定可以，因为意见不合爸妈还差点离了婚。这么一来，陈泽平更是想依靠自己闯出个名堂来。

"我就赌一口气，十年内，只要公司还活着，我就赢了。"现在是第七年了，斯菲尔物流正蓬勃发展着，迎来一个又一个新高峰。

脚踏实地的人运气不会太差

创业没钱怎么办呢？同学借。

"我这个人运气还不错，同学们说你没钱我们借给你。每人借几百或者一千。甚至有人工作第一年就借了五万、十万给我。"事实上，运气是一方面，陈泽平的人品更是大家认可。

不懂风投，不懂管理，就这么开始了。

陈泽平租了一个10平方米的小破屋，前面是两三个办公位，后面是能睡四五个人的上下铺。

刚创业那几年，人多没地方住，他就打地铺睡在外面。"我觉得很开心，没什么，在农村夏天都是在外面睡"。他也曾为了省房租，住了一年寺庙，直到现在每当遇到困惑他还会去当年借住的真如寺。

大三的陈泽平兼顾学校和工作，焦头烂额。招个业务员，没想到招来一个地痞流氓。对方知道是一群学生创业，问陈泽平要的工资很高。不仅带着老婆孩子来公司要钱，甚至带了一批拿刀枪棍棒的小混混。

刚开始五六个人一起创业，三个月过后，加上陈泽平只剩下两个人。

陈泽平开始对物流行业进行更多的思考。他的妹妹在常州工作，于是他到

常州设了一个分公司，接触到一家知名电器的零部件供应商，接下这个业务，公司一个月收入增至几十万。

"挣了不少钱，也花了不少钱。"陈泽平非常坦诚，"我发现怎么还要陪客户喝酒，还要给客户红包？突然感觉这个世界好陌生。这个社会怎么是这样？我不能接受。"

正在陈泽平谋求探索一个更有技术含量的业务模式时，麻烦又找上门。

之前接下的业务，是别的公司做了将近二十年的业务，对方认为陈泽平"抢"了自己的钱。一帮黑社会拿刀拿枪威胁员工，再一次吓跑了整个公司的员工。

"我是做正规生意的，客户信任我让我来做，你们凭什么阻止我？"陈泽平说当时的自己想法就是这么天真，一根筋要做，"挣不挣钱这个业务都一定要做。"

"从0到1个亿，我也没想到"

经历了地痞流氓、黑社会，对陈泽平的冲击确实很大。内心的正义感让陈泽平接受不了这些"规则"。好在"认死理"的陈泽平，誓死坚持终有成效，与社会的逐渐磨合也造就了现在的斯菲尔物流。

现在斯菲尔物流的估值已经过亿，"我的目标是，2025年估值达到百亿，2035年到千亿。"陈泽平有着很清楚的规划。

"虽然现在看来，我的目标很盲目很遥远，看着不可实现，但是从0到1个亿，我也没想到。"大二时候陈泽平最大的愿望就是买一双几百块的篮球鞋。而现在的陈泽平，毕业第一年就能买车，第二年就能买得起房子。

他的"终极"理想是成为一个"世界级的一流企业家"，或许这也需要等待时间来验证。但不容置疑地是，陈泽平拥有美满的家庭，也找到了一个全力以赴支持他创业的好老婆。

这是陈泽平面对"目前为止您最满意、最引以为傲的事情"问题的回答。

为传统文化注入一颗移动互联网内核

在创业这条路上,我宁愿把折腾当补药吃。

——施珏

企业一句话介绍:

一箱——以精准社区运营为入口,以线上直播慕课&活动聚集社区群,以约茶、约会、约课线下导流,为诸多转型升级和消费升级的品牌,提供文化服务解决方案的移动互联网文化平台。

相比其他女性创业者,施珏的采访显得尤为活泼、欢快。

这位语速飞快,性格直爽的女性,严肃的时候可以让气氛紧绷;但轻松的时候,却可以像个孩子一般,把自己前天刚刚写好的PPT,绘声绘色地分享给面前的陌生人。

东绣路999号一楼,透过一扇大大的落地玻璃窗,一眼就能看到玄关白墙上"一箱"那个圆圆的标志,以及"上海拓拓网络科技有限公司"端端正正几个金色大字。底下一张木制案台上,一块斑驳嶙峋的奇石,案台下一个黄铜大香炉。

满眼之间,一股浓重的中国传统古典文化。

就在大门口的玄关右侧,靠墙一排博古架上,错落有致地排放着一个个精致瓷质茶罐,小小巧巧的罐子上,白色宣纸裁成一条长方形纸签,上面浓墨书写着"黄茶"、"青茶"、"黑茶"等不同字样。

掀开两道棉布制成的门帘之后，满目则是一排排整齐码放着的藤制小箱子。

据"一箱"工作人员介绍，这个藤制的小箱子就是茶道师们外出必备的工具箱，茶壶、茶杯、茶罐、茶匙、茶夹等一席茶道所需的所有用具，均被分门别类地放置在这个精巧的藤制一箱空间之内。

"一箱"，真的是一个箱子，即包罗一席茶之所有。但这，还远非创始人施珏对它的寄予。

"熊孩子"施珏

施珏，"一箱"创始人。

原本笔者脑海里勾勒出的这位负责人的形象，左不过是一位仙骨道风的古典女性，或是言谈温婉、性格柔和的传统小女子。再不济，她也应该是一位茶道大师，能在优雅、从容之间，端起滚烫茶壶，手起、落下之余，一杯清茶已然稳稳地端至你面前的形象。

但施珏，显然跟上述形象不太搭边。

一条本色窄腿牛仔裤，一身黑色的小牛皮外套，一顶窄边的牛仔帽子，一条长长的麻花辫，发梢上一个柔软的大地色蝴蝶结，时不时地在外套与浅色绒毛衣之间隐现。

这简直就是刚从野外玩耍回来的一个小姑娘，哪里像是一家精于"茶道"的互联网创业公司创始人！

"熊孩子，我从小就是'熊孩子'一个！"施珏快人快语地评价自己，自己从小到大就是一个调皮的孩子，跟"淑女"这词儿，也几乎不搭边。

而在父母眼中，施珏就是个特立独行的女儿，执着，倔强，好强。"我爸妈会发现，一旦他们不怎么管我的时候，我就会开始懂得管理自己了；如果他

们使劲管我的时候,他们就会发现我很难被管理。"施珏笑着告诉我们。

很难想象,一个40多岁,但看着特像20岁出头的女性创业者,而且还是一位美丽的女性创业者,面对着来访者如此大大咧咧地形容自己的性格。

不羁,才敢赋予传统以不传统

施珏,创业之前曾供职于某香港上市公司。现在,则热火朝天地忙于自己一手创办的"一箱"——一个以茶道为内容,赋予移动互联网基因的垂直平台。

赋予传统以不传统的内在,这或许是施珏不羁性格的另一种折腾写照。

"我不是那种很愿意接受限制约束的人,一旦有人对我提出规范和要求,我都会思考,在这其中,我能不能遵守?"源自天性的不羁性格,让施珏不太愿意牺牲自己的感受,转而迁就那些让自己感觉不舒服的规范。

不太乐意接受规范的限制,但是又不喜欢让自己不舒服。权衡之下,或许就只能调整自我认知或者所处环境。"这个时候,我就要懂得如何去做调整,让他人可以接受我。同时,我在做一件事情的时候,也会更多地考虑到他人的感受,不要让他人感觉到太明显的约束,从而不断地进行微调。"

施珏这番看上去颇为高深的体验,来自她对人性的深度理解。"第一,人性经不起挑战,所以我不去做所有挑战人性的设置,尽量不挑战人性;第二,我尽量用我们可能释放出来的最大善意,激发每个人的潜能。"

对人性的理解和认知,更多体现在施珏对"一箱"的团队管理。在"一箱",现有数百位茶道师,他们分布于全国各地,茶道师团队中几乎有半数以上为女性。

"对于团队的管理,你实际上就是在做人性层面的一些思考。比如面对着我们一箱这么多女性团队,我又是一个女性团队的女性头儿,我肯定要从女性角度来考虑怎么激励她们去实现她们的个人价值,也要考虑女性多方面的社会价值。"施珏的语言,就像一长串珍珠脱了串线一般,叮铃落地之余,掷地有声。

"在创业这条路上,我宁愿把折腾当补药吃",施珏笑着说,从本质上来说,"折腾"就是一种活力的表现。

抗癌勇士走过生死隘口，携"氧"入藏为中国医疗领域开疆拓土

我希望有了氧知元之后，高原从此不再缺氧。

——贝磊

企业一句话介绍：

氧知元——氧，是西藏最大的痛点，而我们的目标就是解决它。

在经历过苦难之后，有的人会颓然沮丧，一蹶不振。有的会愈挫愈勇，涅槃重生。

见到贝磊的时候，他正安静地坐在办公桌前，平和稳重，波澜不惊。温润的气色，丝毫看不出这是一个曾经得过白血病，从死亡隘口走回来的男人。

创业22年，曾与蒲巴甲同台

贝磊25岁离开大众，2006年加油好男儿上海赛区30强（与李易峰、蒲巴甲同届），更是创业22年的商场老炮儿。

或许因为扎根在装潢行业十年，或许是天意，得了世人谈虎色变的白血病，也跌落到了人生的深渊。正是如此，这个倔强的男人在战胜病魔之后，找到了自己人生新的坐标，寻觅到了人生的意义。

2013年，偶然看到了平衡氧仓这个产品，贝磊联想到了自己在抗癌期间，

也曾买过松下的制氧机，有着缓解痛苦的治疗效果。

根据研报：90%的癌细胞是厌氧性的，那么细胞对氧，氧对细胞之间，一定有着密不可分的联系。凭着商业的敏锐性，贝磊第一时间想到了将西藏作为目标市场。为了做市场调查和产品测试，他孤身一人，带着两台氧仓，背包入藏。

在西北的巍巍高原，虽然稀薄缺氧，却旅人如织。无论是朝拜的信徒，去北方看风光的游客，援藏的军人，或中原地带的知识分子，都面临着高原反应的困扰。

"氧"，似乎是西藏最大的痛点。

在西藏的17天时间里，贝磊做了几十例针对高原反应的治疗。十五分钟的时间里，恶心头晕之类的症状就基本上消失了。良好的效果反馈，坚定了贝磊的信心。

在没有任何资源的情况下，贝磊如同当年美国西部的垦荒者，面对着藏区这片陌生的土壤，不到一年的时间里，建立了超过10家服务于高原反应的氧疗店。

氧知元的高压氧舱不同于传统医院的配备，不但可以让氧气直接进入血液来流动，更可以在高压之下，随意地带手机和手表等金属物体入内，攻克了医用转民用过程中，很大的一个技术壁垒。

氧知元的高压氧舱除了可以高压高氧之外，还可以将负离子的含量保持在一个高位，达到森林里的6倍。置身一方小小的氧仓，便是走进了一片纯净的天地。

以西藏为切入口，贝磊也算进入氧疗领域，他也准备在这个领域，继续一点点地钻研下去。

携"氧"入藏

2015年初，贝磊和西安的第四军医大学联合，针对癌症患者化疗后的康

复领域，做了一个研究课题。以肝癌为例，很多患者到最后是疼痛致死的，而在使用了氧舱之后，能够保持两到三小时不再疼痛。谈不上治疗，却真真切切有很好的康复效果。

除了医疗之外，高压氧仓在民用，亚健康，运动恢复等领域之中，依旧可以扮演重要的角色。

高压氧舱的应用，在国外已经渗透到了很多地方。C罗在准备欧洲杯的时候，特地找了一家可以提供高压氧舱疗法的医院。借助这个方式来促进身体的恢复，减少肌肉乳酸的堆积。

而氧知元已经可以把氧舱从医院搬到家庭之中。这样的场景，同时可以复制到健身、跑步、格斗等运动之后的恢复。

医学权威杂志曾经提到过，新陈代谢失调的最主要原因是由于血液缺氧。众所周知，新陈代谢越快，人体对于脂肪的消耗也会加快。

对于常年无时间锻炼的人来说，高压氧舱无疑可以帮助维持身体机能的活跃。

对于高压下的都市白领，三到五次的氧疗之后，对于睡眠的改善，效果很明显。

除了固定的大型氧舱之外，氧知元的生产线上引入了便携和家庭式的小型机，并且成为了那曲公安局、西安博瑞医院、西藏自治区体育局等政府机构的供货方。

除了西藏总公司之外，贝磊已经将分部开设到了北京与上海，从华南入藏，再从西北走出，逐鹿中原市场。

作为国内第一家民用氧疗企业，氧知元获得了飞马基金600万领投，第二轮的意向金额已经达到了2800万，并也在爱创业众筹上线。

游走于天才与疯子边缘

> 创业一路走来，我就喜欢找那些跟我经历相似的"同类"——偏才、怪才、鬼才，跟他们一起工作。
>
> ——叶可涵

企业一句话介绍：

EMGrehab——致力于移动科技、仿生学产品、高新技术研发等领域，开发并提供大量基于自主独立技术的产品与服务。

叶可涵说，从小到大，身边人对他的一个标杆印象，就是怪，奇怪的怪！

对于这么一个颇有点另类的形容词，他毫不在意地对着笔者耸了耸肩膀。"在我眼中，'怪'不是一个贬义词，而是一个中性词，怪的另一个极端体现就是'与众不同'。"

叶可涵对"怪"人的理解分为两类：一类是天才型的人物，全才、学霸等优秀学生，均属此类；第二类则是怪才或鬼才，性格上可能存有某些缺陷，但在学习上，具有某一类特殊才能。

创业原始动力：幼年那套DK生物书

叶可涵现在创业的上海丞电电子科技有限公司（以下简称"丞电电子"），

是一家专注于人体外骨骼基础、生物传感器研发的高科技医疗研发企业。通过公司的肌电传感技术，可使大量用户在家中进行康复过程。后期，可结合AR、VR技术，与HTC Vive合作，在体育运动健身、电子游戏、音乐演奏等领域开发全新的产品。

有意思的是，叶可涵所创业的这一生物项目，源自自己的生物专业。学以致用的背后，则可追溯至叶可涵最早的幼年时期。

"从幼儿园开始，我就很喜欢生物。"叶可涵两眼看着远处，眼中焦点有一瞬间似乎处于无聚焦的状态。

时光回到叶可涵的幼年时期，当大家都在幼儿园里玩球或者争抢玩具的时候，一个小小的身影，却坐在角落，手捧一大本英国DK出版社的生物读本，津津有味地沉浸于神秘的生物世界。

从幼儿园到小学，这套丛书一直陪伴着叶可涵，并引发了他对生物的浓烈兴趣。"从小学开始，我就对一些科目有着明显的爱好，直接导致我的偏科现象。"

他笑着回忆说，当时偏科偏到什么程度呢？诸如生物、科技、语文等学习优秀的科目，可以在全市各大学校中排名前列；而自己不喜欢的学习科目则可以排名全市倒数几名。

在这位90后小伙子身上，似乎印证了"天才与疯子只一线之差"的说法。

在中国现有的教育体制之下，这类偏才或者被磨平棱角，碌碌无为，或在蹉跎之下越挫越勇。

叶可涵明显属于后者。对于前者，他从自己的一位同学身上，看到了一个近乎悲剧的结果。

在叶可涵十六七岁的时候，他的一位同学却凭借天赋，驰骋于中国黑客领域，并在中国红客联盟中占据一席之地，也是中国黑客圈内叫得上名字的一个人物。

但在这位同学父母眼中，他却是十足的问题学生。即便在计算机领域充分展示了他的天赋，但在学校里，这位同学的大多数功课却挂上了红灯。

在叶可涵眼中，凭借这位同学的天赋和才能，即便大学毕业，也不适合正规体制的大公司工作。但是在互联网公司，计算机信息安全公司，甚至是在游戏领域研发外挂和伺服，一个月的薪水也是相当高了。最终，这位同学大学期间被父母逼着去参军，在不能够"动之以情晓之以理"让孩子变为"普通人"的情况下，父母希望用参军之途，使他变得更加"正常"。

在叶可涵看来，这位同学的天赋最终难敌中国式体制教育和父母传统教育观念的压制。他认为，这就是一种对天赋或者才能优势的埋没。

创业小伙伴，我只选同类

为了避免同学这一悲剧的再现，叶可涵在创业之后，一旦面临新员工的招聘，便会刻意忽略对方的背景，更多注重其能力与才华。

就在丞电电子的公开招聘信息上，他们如此表述希望招聘到的员工：热爱创作、热爱音乐、自学过软件或编程语言、一双善于发现特殊性的眼睛……."如果你的能力够好，我就支付给你相应的薪水。"叶可涵对员工招聘的坦诚，或许代表了绝大部分90后创业者的真实想法。

"在学习阶段，我觉得老师们都不理解我。我觉得做任何事情包括现在创业，最终都躲不开两件事情，一是获得社会的认同；二是获得相应的经济利益，通俗地说，就是赚钱。"虽然是典型的90后，但叶可涵的言语中，却透着80后甚至70后才有的成熟。

这种明显高于同龄人的老练，或许与叶可涵在学校中的一系列社会历练不无关联。

叶可涵告诉我们，从初中开始，自己的校园生涯其实掺杂了更多的社会

元素。

当很多初中生还处于懵懂的青春期时，叶可涵或许已经开始考虑自己该如何独立生活。当他的同学们忙于考试，谈恋爱的时候，他则醉心于宠物行业的进出口贸易。

当他选了自己最喜爱的生物专业时，叶可涵则几乎出于原始本能一般，将所学专业与自己的爱好进行充分结合。比如，他曾发现一种海外研制的酸液专利，之后将其引入国内，联系国内厂商，进行某一类食用防腐剂的商业研发，并取得极大的市场效果。

自然而然，当叶可涵的同学们毕业之后，面临着社会择业的困惑之时，他则自然地开始了自己的创业之路。

我的职业就是创业

> 我的职业就是创业。
>
> ——邱俊

企业一句话介绍：

通吃科技——通吃科技集团发轫于2009年创建的"通吃网"，是国内首个专注于全渠道特色食品、农产品供应链服务平台。

提起四川，你的第一印象是什么？关于四川，笔者的脑海里第一时间跳出来的是两个字——"川菜"，第二印象是大熊猫。川菜在中国各大菜系中种类最多、做法最丰富，更具有"一菜一格，百菜百味"的美誉，四川省会成都市也被联合国教科文组织授予"世界美食之都"的荣誉称号。

因此，在成都的很多创业项目和创业企业都跟"美食"有关，通吃网便是这浪潮中的一项。作为通吃网的创始人兼CEO，邱俊在大学的专业是国际政治，但他觉得自己不适合做任何与政治有关的事情。

创业是件很有意思的事

邱俊给自己的定位是"职业创业者"，"骨子里是不安分的，身边的朋友都知道，我不创业难受。我们大学毕业时还有工作分配，也没让分配，我就自己出来创业了"。1996年到1999年期间他是跟着别人一起创业，房地产、股票

这些领域都尝试过，然而风险太大根本不可控。因为四川是食品大省，跟食品方面有关的传统工艺和资源也比较多，另外食品行业相对来说较为可控，所以最终邱俊选择这个领域进行创业。

创业的过程充满了变数，但邱俊认为，恰恰是由于这些不可知的变数组成了一个很有意思的过程。他说，创业其实讲究"天时地利人和"。

天时，是在合适的时间做合适的事情，比如创业者在这个时间找到了合适的商业模式，这是"天时"。地利，是指创业者的创业条件，——你得有人有团队，有项目落地，有方方面面的东西。人和就不用说了，创业者的资源和团队里面的人要和谐。

即使这所有的因素都具备，结合起来，也未必能保证创业一定能成功。创业的过程依然充满了变数，但这也是它最吸引人的地方，可促进人不断提升和学习。

不管是哪个行业的创业，不管做什么事，都是积淀。在邱俊"跟着别人创业"的那段时间里面，没有团队，关于财务的概念和经验都是在那段时间积累的。而事实证明在后来的所有创业过程中，这是非常有用的。

另一方面，在跟着别人创业的这段经历里，邱俊既体验了创业的过程，也看到了创业不管是成功还是失败的一些机缘。这使得他后来创业时拥有比较好的心态，并不会强求说一定要怎么样，这是他之前创业经历里收获最大的东西。

从传统到互联网

从 1999 年到 2009 年是邱俊在传统食品行业创业的十年，从一个小作坊开始，渐渐把一个品牌、一个企业由小到大、从无到有发展起来了，不管是公司规模还是品牌知名度都开始具备，市场对于产品的反馈度也比较好。这时邱俊突然做了一个决定，从传统行业里跳出来投身到互联网＋食品行业，他说自己可能是成都食品圈里第一个跳出来投身互联网的人。

这里面也有一段有趣的插曲。2008年5月，四川发生了举世闻名的大地震，彼时邱俊对于电子商务还是持嗤之以鼻的态度。8月份的时候他跟驴友去登山，说起电子商务他仍觉得那是不可靠的。但是很快，2009年他对于互联网和电子商务的印象被颠覆。

做豆制品的邱俊看到了一份互联网的豆制品销售数据，就是这一数据刺激了他，让他觉得这个方向该加以重视和研究，然后他就说"我要去做互联网了"。从传统行业到互联网，难免会有一些"思维定式"，特别是邱俊既没有互联网的相关经验，所学的专业也跟互联网完全不相关。

他就想"反正新兴的互联网模式肯定不是我们的优势，我们的优势是如何把传统行业跟互联网相结合"。然而在2009年后的两三年里，有许多好的项目和企业都是新兴的互联网公司，好在近两年"互联网+各行各业"成为了潮流和发展趋势，这个时候他们的优势才渐渐发挥出来。

"现在这个阶段，我们过去对传统行业的优势都出来了，我们对传统行业有很深入的了解和资源，我们也做了很多年跟互联网相关的工作，今天我们看的项目大多也是传统行业跟互联网相结合的，在我看来这二者的结合使得我们今天在创业路径上要比过去更加宽广。"邱俊如此解读和分析。

在经历过创业的数十载之后，邱俊的心态已经变得很平稳很平和。"通吃网刚开始建立的时候受互联网思路的影响，那时的心态也不太好，就老想着要很快很快很快，过于急切了一点。"他还说，现在来提创业路上遇到的困难和成功，已经太晚了，因为情绪起伏的阶段已经过去。

农村电子商务市场是蓝海

经营至今，邱俊的公司已经从"通吃网"发展为"通吃科技集团"，通吃

网也一直处在盈利状态，对于这点他表示挺满足。如今通吃科技集团下面有超过 20 个农村电子商务相关的服务企业，农村电子商务是他很看好的一块市场。

2013 年的时候，邱俊和他的团队遇到一个地方的脐橙自销，这也是他们接触农产品电子商务的开始。2014 年的时候他们就借机切入了农村电子商务市场。

"一方面是觉得农村市场机会很大，另一方面觉得这样的事情很有意思，经常深入到农村，各种各样风景非常美丽的地方去跑，很开心。"邱俊说，"不管是从扶贫的角度，或者是帮助他们增收，或者是帮农村人民更好地去享受生活，都可以真正地帮到身边的农村老百姓。"

以智能颠覆传统快递行业

> 市场是足够大的,你不要说有人抄我,我就死了。
>
> ——舒元明

企业一句话介绍：

快递汇——分为分拣和派送两大业务,智能分拣设备,承接快递公司送过来的快递,进行机器识别和分拣,将来要做"两小时派送圈"。

随着近年来互联网渗入到日常生活的方方面面,电商平台高速发展,背后倚靠的供应链物流快递行业,也进入竞争白热化的阶段。

竞争激烈的快递行业

电商保持高速增长是快递行业增长的核心驱动力。2016 年"双十一"电商全网成交额达到 1770 亿元,总包裹数量超过 10.7 亿个；其中,天猫商城成交高 1207 亿元,同比增长 32.3%,共计产生包裹 6.57 亿件,同比增加 40.7%。

据统计,"双十一"当天快递揽收量达到 2.51 亿件,快递处理率达到 38.2%,较去年增加 6.5 个百分点。其中,圆通快递当天业务订单量 8098 万件,同比增加 52%,占比达到 32.3%；成功揽件 51595159 万件,揽率 63.7%,同比提高 5.7 个百分点,远高于行业平均水平。

随着业务量不断提高,对快递行业运营能力的要求也不断上升,快递企业

未来的发展趋势将从传统的以规模扩张为主，转向精细化发展、提高效率、增强竞争力为核心。而快递龙头企业借助上市契机，加快对基础设施、信息平台、供应链等方面的建设及优化提升，有望进一步提升市场份额，从而实现业务的快速扩张。

时至今日，快递背后庞大的业务量仍需要投入大量的人力成本和时间成本。哪里有阻碍，往往也意味着哪里有商机。有的人就做了这么一件事，希望把人力和时间都从传统快递行业里解放出来。

分拣和派送解放人力

舒元明在快递行业有着丰富的从业经验，经过在申通六年的"摸爬滚打"，他已经熟悉了快递行业的一切操作流程，然后出来自己创业。快递其实主要分两块业务，分拣业务和派送业务。2016年9月，杭州因为G20峰会，所有工厂全部停工近有一个月。所以直到9月底、10月初的时候，舒元明才开始正式的业务。

"我们把场地全部都建好了，以后他们（快递）的货就全部放到我这里来分拣。现在是他们分拣完给我送，但我只做派送，不做收件，其实我们也不想涉及收件这一块。"舒元明说，虽然真正盈利的是收件的工作，但是他所创立的快递汇优势在于派送。

在快递进行派送之前的分拣是个体力工作，舒元明设计研发了一款分拣机，目的是让体力解放。"现在快递公司的模式是，现场一大堆物件，这个人从里面挑出要送的东西，那个人再挑。而我们的机器是，所有的东西一上机器，放到设备上，自动挑选自己的出口出去。他把这东西一下子传到我的平台上，操作工只要给他看一遍，这个东西是他的，就输入其系统，输一次然后设备就知道怎么走。"

操作工在拿到这个的时候条码输入一次，操作一次那后面就可以不用操作了，直接放到设备上，人也不用看了，除非有一些手写的无法识别的订单需要人工去看。分拣机采用全录入加全能识别的方式，人工和电子分拣分别占到30%和70%的比例。舒元明介绍到，原来分拣的时候可能需要100个人，现在人工可能只需要20个人，在某种程度上已经解放了很多人力。

考虑周全的创业

怎么解决派送中产生的投诉问题是快递行业重中之重。舒元明举了个例子，送快递中可能产生的投诉问题跟业务员跑的半径是有关系的。"跑的半径越小，比如说你就送这一个小区，你会发现投诉率会大大下降，你原来的快递公司可能一个人要三个小区，他跑在路上的时间长了，就很容易出错。"

在快递遗失方面，舒元明建立的快递汇在保险公司买了遗失险。如果业务员说这个东西实在找不到了，客户又有凭证，物品遗失报案了，那么保险公司会赔。虽然快递公司一年总有一些不可避免需要赔偿的情况，但快递汇所做的，是把最难做的东西做成专业化东西。用集约化来体现成本，把成本降下来。

对于竞争对手，舒元明表示并不担心。一是分拣机这套系统，他们花了很长的时间和精力去研发设计，即使对手想要复制，也要花非常多的时间和精力。另一方面，舒元明认为市场足够大，"淘宝做成这样，京东也没死啊。市场足够大，你不要说有人抄我我就死了。"

未来快递汇的盈利还将来自于包裹广告和嵌入式广告，另一方面还很可能得益于"第三方派送"。快递汇在送件过程中，可以把诸如"小扇子"、"提东西的扣子"等礼品和包裹一起送到收件人手中，当然这些"小礼品"的成本是由广告商和开发商自己承担。另一块盈利的点在于"两小时派送圈"。舒元明

解释到，这个概念灵感来源于亚马逊的"一小时派送"，即可以在一小时内送到客户手上。

"我们做两小时派送圈后，现在跟天猫超市谈成了合作，马上可以拿到他们的货件。天猫、淘宝之所以竞争不过京东，很多时候在于它的物流。我们的价值在于两个小时内就可以送到，因为我有很强的落地配的系统。"舒元明说，快递是养活公司的基础，在这个基础上再去做一些新的商业模式出来，这是后面要做的事。

和笔者聊完，彼时天已经黑了，舒元明和他的伙伴匆匆吃完饭，接着赶往下一个点谈合作。

香约1930的上海，寻觅彼时气息

> 香气和音乐一样，似有似无，一个靠嗅觉、一个靠听觉，都需要细细想象和体会。
>
> ——罗雁

企业一句话介绍：

香约香膏——上海德佐日用化学品有限公司旗下品牌，产品种类包括：香膏、雪花膏、香皂、香水、美妆护肤类，格调定位海派复古小摩登。

一九三〇，一个被称为"东方巴黎"的摩登上海，充满胭脂香粉，而又不失优雅的城市。如果说最能代表上海文化感的一个词，莫过于"小资"。时代发展，岁月变迁，彼时的摩登气息，渐渐消退。

香约香膏联合创始人罗雁，地地道道的上海人，披一条宽大的围巾，戴着微微倾斜的压发帽，优雅不失亲和。

因为罗雁深深喜爱那个年代的文化与时尚，把那个时代独有的香膏进行改良传播。将其化作一缕香气，让更多喜爱上海文化的人，嗅到上海摩登时代的气息。

钟情于1930年代的上海文化

"我是从国营企业和几位同事一块出来创业的。"罗雁说："在香约香膏的

团队里，现在是百分百上海人，从员工到老板，有 50 后的真正老上海人，也有我这样 70 后的中上海人，还有 90 后的小上海人。"

罗雁的爸爸也是上海人，所以她从小到大一直生活在上海这座日新月异的城市，小时候就对上海文化深有感触。"上海人很早以前就喝咖啡，比如说去西餐馆喝一碗罗宋汤，这个就是一种文化。"

如果仅仅觉得 1930 年代上海女人的代名词是旗袍，歌舞厅，名媛，只能说你还没有全面了解那个年代的面貌。

罗雁起身拿起一个产品包装，画面上一个骑自行车的女子，穿着 V 型低领的黄色短袖和超短裤，着装有些暴露，但整体感觉阳光又时髦。

"你想象不到那个时候很崇尚运动，还有一个产品的包装我们截取了上部分，其实原型是两个女子穿着旗袍打高尔夫球的场景。"为了还原当时的文化现象，罗雁在创办香约之初就和同事特意跑到上海图书馆呆了整整一天，拍下很多资料。

除了灯红酒绿、纸醉金迷的电影印象，在罗雁看来 1930 年代的上海在彼时是全球最摩登，文明和开放程度都很高，服装、发型等都充满着时代感，女子给人的感觉是开放中透着古典的优雅。

说起上海的 1930，罗雁指着"岁月留声"系列的盒子，缓缓打开盒子上的"旋转门"，是张爱玲的一段话，将下方卡片撑开，出现黄包车的画面，再将四个小香膏拿出来，眼前即可出现一位巷子里撑伞女子背影的场景。"一个很有风韵的旗袍女子刚好从黄包车上下来，缓步进入了弄堂。"罗雁仿佛回到了那个时代。

父辈和长者的感染力

"我觉得你们是一家有情怀的公司。"这是某拜访者离开时对罗雁说的话，这句简单的话让她思考良久。

"香约的 logo 看上去很土，没有现在商业化那么强的视觉冲击，但这是我爸爸设计的。"简简单单的香约两字，配上英文解释，看起来很像民国时期大字报上的广告。罗雁笑说，"我爸爸也算是香约的鼻祖了。"

"我爸爸喜欢自己摸索学习，并且乐在其中。不仅会用电脑作图，现在他每天用软件分析股票，还会自己编程。"说起自己的父亲，罗雁满是崇拜和敬佩，还有一丝自愧不如。

父亲的认真以及活到老学到老的精神让罗雁也不敢懈怠，现在她每天尽量多花一些时间坚持学习英语，了解外国文化。有时间，罗雁更喜欢找个安静的地方看书喝茶，一个人拿本书沉浸其中，她说，"我本质上也是典型的上海小资女"。

同罗雁一起创办香约的另外两位联合创始人鲁人康先生和克晓佩女士都是地道的 50 后老上海人，也是罗雁在原国营单位的老领导老同事，外贸出口并肩作战多年。

面对竞争对手的时候，老领导教给罗雁的是，不打价格战，以过硬的品质，人性的服务取胜。她说，"我们答应的所有订单都会准时而又保质保量地完成"。

这位戴着手表的女性创业者，以"靠谱认真"赢得了更多的回头客。

以"香"会友，希望香膏成为上海新名片

虽然香膏是上世纪中国独有的东西，但是岁月流逝，被人遗忘。说起香膏打开中国市场的过程，罗雁哭笑不得。"我们项目路演的时候，有人问'香膏是吃的吗？很香吗？'"她只得笑着解释，"香膏很香，但不是吃的，它是固体香水。"

香约作为唯一的 2010 上海世博会展售的国产香膏品牌,当初世博会官方人员给罗雁打电话的时候,她很惊讶。"跟我说是世博会要开发适合中外游客的世博礼品,希望跟香约合作,我第一感觉就是骗子。"现在说起这一经历,罗雁仍然意犹未尽。

香膏不同于香水,不含有酒精。"香膏除了用作香水,它也是一个很好的护肤品,比如手指尖这里有倒刺可以涂,还有亮甲的效果。"说着,罗雁拧开一罐小香膏涂于指尖,伸出手摆动两下,空气中隐隐约约香气弥漫,"一丝丝的优雅香气,这叫指尖留香。"

由于早年做香膏的外贸,罗雁的微信里有很多外国香粉。"昨天还有个法国朋友微信跟我说,我送给他的三盒香膏,他太太用完了,很喜欢,想要进一步合作。"

"有些外国人要回国,来不及买纪念品,经常会毫无预约地就到我们这里,说拿一些香膏作为纪念品带回去,还会跟我们合影。"罗雁对外国人的钟情非常高兴。"岁月的东西能保留下来的都是精华,有的时候我觉得蛮自豪的,我在做的实际上是上海文化的传承。"被岁月遗忘的香膏,罗雁希望它能够成为上海的新名片。

无论是花样年华,还是岁月留声的香膏系列,或者其他单品,罗雁都藏不住自己对香的喜爱。"香气和音乐一样,似有似无,音乐靠耳朵,香气靠鼻子,一个是嗅觉、一个是听觉,都需要细细想象和体会。"

创业是条修行路

> 理想主义，对创业者来说是必不可少的，没有理想做支撑，就会对创业悲观，必然不会长久。
>
> ——郑竹

企业一句话介绍：

LetsTEE——文化潮流服装品牌

"就我的童年来说，我是不快乐的，有压抑的部分，还有活在别人标准的部分。"LetsTEE 创始人郑竹拿起一件标有"I want"的 T 恤，"这件 T 恤的设计意义就在于传达，你要回到你自己，回到自我，你到底要什么，这样的理念。"

LetsTEE 创始人郑竹被称为 body media 倡导者，最初与服装设计师出身的弟弟郑一共同创办潮流服装品牌 the thing，想要通过服装来帮助个人传达某种态度和个性化的释放。之后由于经营理念的不同，the thing 交由弟弟郑一经营，郑竹掌舵 LetsTEE。

用创业来"渡"自己

2005 年，郑竹将所有家当都拿来创业做 T 恤，用他本人的话就是"拼死一搏"。结果超乎想象，比预期好很多，捞到了一小桶金。

以设计师原创 T 恤打响上海市场之后，个性化的释放需求更加强烈，更多的人开始关注到这个不起眼的小街铺。

虽然得到超乎预想的结果，但是俗话说"树大招风"，无意间郑竹就惹上了与国际品牌 LV 的麻烦。上海本地的东方音乐频道有个《星当家》的栏目，在店里进行拍摄时镜头无意拍到一件"大便中带有 LV"标志的个性化 T 恤。

"LV 方面以侵权处理，后来工商局来了两车人，只是带走了几件衣服和几个皮夹，罚了一些钱。当时如果我们改一下 LV 的 logo，变形处理，就什么事都没有了。"这件事让郑竹得到了一些小教训，也坚定了他用服装表达态度的想法。

夏季一过，T 恤就无处可销。而最初"玩创意、玩个性"的创业想法如果仅仅依靠 T 恤单品来支撑落地，显然是走不通的。"就像一个小孩发育，上半年给他吃好吃的，突然下半年没吃的了，那怎么长大？"郑竹解释说，他开始探索系列的服装。

对服装的热情并不是与生俱来的，虽然郑竹的母亲做过服装生意，但是曾经的他一直认为卖衣服是一种很低端的职业，从来没想过有一天他也会走上"卖衣服"的道路。

现在，郑竹可谓是做服装的全能人才。创意、描画、裁剪、版型设计、印花样样不落，他曾经还特地跑去学习衣服的印花。

作为初创公司的老大，要了解不同颜色、尺寸、版型、款式、季节的衣服，还要知道哪个版型断码断色或者销量如何，这么繁琐的事，对一个男人，绝对是考验！

"我比较讨厌这种繁琐的东西，但是创业是一种修行。我现在才知道，讨厌什么，老天必会用这个东西来渡你，接受它然后自己调整心态。不急功近利，我觉得积累到一定时候，自然水到渠成。"郑竹表现出 40 岁男人的沉稳。

创业是对自我的思考

"每个小孩出生的时候,我们说是一块白板,其实并不是,出生就已经带着一些东西来了,这是命。那么,另外一个是运。'运'字其实就是在我们自己手里去把握的。"郑竹还介绍了一本有关中国教育的书籍《巨婴国》,家庭、周围环境也许对他的创业有着不可取代的影响,又也许是有了孩子的父亲对自己家庭教育的思考。

说起走上创业这条路,不得不说郑竹背后的女人,他的母亲。"我外婆家是做绸缎、布料生意的,我母亲也是小商人,但是即使是个小商人,她也是有商业思维的。"开放、交换、拓展的商业思维影响着郑竹的创业路。

除了母亲的影响,对郑竹来说,儒家文化中"好面子"这一传统,对他的创业影响也很大。进入社会之后,就开始创业,从没在公司上班。学习一个公司整体经营成为他的一大遗憾,不过他也很释怀。"当时的认知和经验不足,理解没有那么深刻,70后出生的人在社会有一种价值观:做老板才牛逼。不同的人生阶段就代表有不同的人生体悟。"

用古人打仗时的一句经典论断"知己知彼,百战不殆",在创业这个无形的"战场"上依然适用。郑竹坦言,自己是属于直觉思考型创业者,他也会把星座看做"地图"了解自己。

"我前世是金牛,代表安稳,但是金牛的人很会挣钱,吃货,喜欢享受生活。月亮星座是天蝎,必须要做一件事情。而太阳星座是狮子,要创造,否则自我的价值会很低落。所以这个能量让我不断地折腾。"郑竹觉得人是很矛盾的个体。

"品牌即人"

LetsTEE坐落在茂名南路的街角，没有高楼大厦式的办公场所，看上去不起眼。直到进入办公场地，门口的纸风车，墙边的画框，无意间抬头发现，头顶也另有一番涂鸦的天地。

"一个人为什么会选择穿这个衣服，而不选择那个？除了价格和功能性的考虑，就是与个人的价值观、审美有关。"说起自己品牌的衣服，郑竹表示更喜欢简单的类型。

他起身走到衣服架前，给笔者展示了几件简单的黑白色T恤。简单的图案设计，比如，右上角简单的一个"燃"字，设计为一件衣服；还有一件今年销量很好的衣服，是设计师根据堂吉诃德的形象抽象出来的。

没有北漂过的人生不算完美，没有尝过失败的成功缺少魅力。当初，郑竹放弃家里安排的工作机会，选择北漂，行走天涯，闯荡人生，这是一个理想主义者的决定。可是理想主义的成分多了就会"飘"起来，好在他很快认识到了这个问题，离开北京这片理想的沃土，来到上海，落地做实业。

每个品牌的确立，不是一蹴而就，随波逐流就有可能被潮流冲散。对创业品牌的选择和确立，郑竹觉得"品牌即人"，创业者的品质和特点，映射在品牌中。

"创业面临太多不确定性，创业的环境太复杂了。"郑竹表示，"理想主义，对创业者来说是必不可少的，没有理想做支撑，就会对创业悲观，必然不会长久。"

创业这条路，布满荆棘，充满着无数的岔路口，没有人可以坐享其成。对于经营服装这么些年的郑竹来说，做企业，每天遇到各种不确定性。作为掌舵者，把不确定变成确定，才是一步步走向未来的保障。

创业是在娘胎里就种下的种子

> 简单做人，认真做事；追求理想，顺便赚钱。
>
> ——金平

企业一句话介绍：

1LAB 实验室共享平台——解决中小企业使用实验室问题，助力我国企业科技创新和快速发展。

"简单做人，认真做事；追求理想，顺便赚钱。"16 个字，足以概括这位 1LAB 实验室共享平台项目的 80 后女性创业者金平的创业心态。

相比较男性创业而言，女性创业本就更加困难。更何况金平的创业项目是腾硕实验室系统集成以及从经营腾硕十三年后找到的新灵感、新商机——1LAB 实验室共享平台。

学生时代的创业路

创业是在娘胎里就种下的种子。小学时代，金平就开始卖书、卖贺卡；但是真正获得人生第一桶金是在她读高中的时候。创业这件事在有些人看来可能非常具有挑战性，但是在金平看来，"是一个好玩的事情，就像同学扔沙袋、跳皮筋一样。"

高中的时候，金平就开始当上了"小老板"。她在科技城买了几个柜台，

招了柜台服务员，卖软件产品。之后金平从报纸上看到某个公司在长春招总代理卖护目镜，合作谈好之后，就在柜台进行代理销售。刚好那个时候电脑刚刚流行起来，这种护目镜成为了暴利产品。但是由于高考要充分备战，金平才不得已将柜台卖掉，为护目镜业务找了另外的代理。就这样通过自己的智慧和努力，赚了一大笔钱。

上大学之后，金平用赚到的钱开了一个食品厂，主要做糖果、果冻和其他一些副食。由于欠缺管理经验，经营起来很困难，不断亏损的时候，金平决定将厂房租出去。

巧合的是，有个想做易拉罐包装的葡萄酒商人刚好需要她的厂房，两人一拍即合，开始合作。金平又重新燃起了创业奋斗的激情。但是事与愿违，葡萄酒的销量并不是很好，一年半之后，就关闭了。

"整个学生生涯我觉得就是一片暗淡，学习没有学好，生意也失败了。"一切看上去灰暗无奈，神经比较大条的金平最后用仅剩的一些钱去旅游了，开心才是该追求的状态。

这些走过的弯路，对金平来说都是必经之路，也让她对未来的创业多了思考。"有一些事情就是命中注定，你可能就会那样走，即使再给你一个机会还是那样走。"

从员工蜕变为成熟的管理者

没剩下多少钱的金平在朋友的劝说下阴差阳错地找了一份销售的工作。几个月的时间就做了几百万的定单，虽然是一个完全陌生的行业，这个初出茅庐的销售员为公司创造了让人惊讶的价值。

金平就职的是一家家族企业，她发觉了在家族企业中发展的困境，工作8个月后就离开了。裸辞后，迷茫的金平稀里糊涂就注册了一直发展到现在的公司。

缺少管理能力，就去读 EMBA，去国外继续学习。一边学习管理，一边招聘有管理经验的人，从他们身上汲取能量。用学习的理论知识结合曾经血淋淋的教训，金平慢慢走入了管理艺术的大门。

"我希望公司这个平台能够帮助每位加入成员找到自己的天赋，并把自己的优势发挥到极致，形成团队优势互补。通过团队的协作，让每一个人得到成长，并且发展的更好，我觉得这是平台的价值和责任。我要做的就是把这个平台搭建好，让大家踩在平台上，就像踩在巨人的肩膀上。"作为一个管理者，金平经过十几年的跌跌撞撞，悟出了"奉献"的意义。

公司解决了难题，对她来说不是最大的成就感；获得利益金钱，对她来说也不是最大的成就感；金平最大的成就感是成就了别人，她说："我最满意的事情就是培养了一批我们现在的骨干成员。"

简单做人，认真做事

很多的企业都在强调赚钱、盈利的时候，金平却说，"赚钱我觉得并不是特别难的事情，金钱对于我来说可能是我追求事业、追求理想的一个产物，并不是我追求的一个东西。企业经营需要盈利，但金钱从来都不应该是一个企业的终极目标。我们要做一个对社会有价值的企业。"

创业过程中，由于管理不善或者其他原因，出现有些人员背叛或者其他伤害很大的事情。被问及的时候，金平只是云淡风轻地说了句，"挫折经历都有，但是我发现过去就好了，马上就好。"越是简单的人越会觉得感恩，获得快乐。

金平坚持以不变应万变，简单做人的风格，"这个社会已经很复杂了，你出去面对一些复杂的人你要很辛苦，回到腾硕大家庭，还要那么辛苦，为什么

把自己搞那么累？为什么不简单一点？"企业里，金平是坚决反对"政治斗争"的，无论是五百强出来的高管，还是基层员工，她都是一样的要求。

"责任、价值、感恩、奉献"的企业文化虽然听起来很老土，但是任何一个企业缺少这些精神，都不会走得太远。业内人士向同行介绍时曾说过，"腾硕是我们行业当中比较老牌的优秀实验室供应商了。"同行的肯定、十三年的行业基础、自主的品牌模式这些让金平对自己从经营腾硕实验室系统集成中发现新商机，找到新灵感，打造1LAB实验室共享平台的创业项目信心满满。

很多人觉得实验室离我们很遥远，其实食品、药品安全，环境污染的控制，科技发展都是从实验开始，比如一瓶水、手机等研发检测，我们身边的一切都离不开实验室。因此这个行业处于蓬勃发展的阶段，1LAB实验室共享平台未来市场非常可观。

创业大潮风起云涌，每年有无数大大小小的企业创立、倒闭。更多的人开始对创业持悲观的态度。而金平觉得，每个人都应该选择自己觉得开心的方式活着，有些人适合创业觉得开心就继续下去，有些人尝试创业发现自己并不适合，之后还是可以有很多种道路可以选择，但是创业的过程和感悟也会成为人生一笔宝贵的财富。

美与时尚的王国——阿玛尼

> 做自己能做的，做自己喜欢做的，做自己满意的，做别人认可的，我觉得就是成功，就是尊严。
>
> ——程军建

企业一句话介绍：

阿玛尼——阿玛尼是一个集美容、美发、养生、教育于一体的时尚、健康品牌。

2016年，互联网对于零售行业的巨大冲击力不言而喻，这使得不少行业都受到了牵连。但是时尚产业就不同了，无论网购有多么强大的冲击力与影响力，都阻止不了人们走进美容美发店追求美丽的需求。随着经济水平的提高，人们对于生活品质的追求自然也水涨船高，这是一种必然的趋势。

据产业研究智库报告显示：

1. 全国美容美发业从业人员总数约1120万人，是"第三产业"中就业人数最多的行业之一；

2. 全国城镇美容美发机构总数约153.2万家；

3. 全国城镇美容美发业总营业收入1680.4亿元；

4. 全国每万名城镇居民平均拥有美容美发店32家，每家美容美发店平均就业人员8.1人；

5. 全国城镇平均每个美容美发就业者年工资水平 3.16 万元，远高于全国各类就业人员平均工资水平；

6. 美容美发业占全国国内生产总值（GDP）比重为 2.80%；

7. 美容美发业占第三产业产值比重为 7.21%；

8. 城镇人口月平均美容美发花费 50.33 元／月。

不少专家预言，美容美发业的总体规模将在本世纪超越任何产业而成为最大的社会产业。

一个传播美的时尚行业的灵魂是每个时代都不可或缺的，没有他们，生活也许会变得黯然失色。阿玛尼护肤造型创始人程军建便是这样一个优雅与风范的修行者。从白手起家到如今成为上海综合资质最强的美容美发连锁企业之一。今天，就让我们来听听他的故事。

从白手起家到覆盖全上海

17 岁，大多数人还在校园的年纪，程军建只身一人从江西老家来到上海学习，在一家小理发店学艺。"为顾客理发是只有师傅才能做的"，程军建从洗头做起一直学了半年左右，从此便入了行。

之后他回到江西，第一次拿起了剪刀为顾客理发。磨练了一年的时间再次来到上海，从此过上了"流浪"的生活。程军建淡淡回忆道，"那段时间非常艰难坎坷，辗转了许多理发店，一年后才稳定下来。"

2003 年，程军建与几个朋友合伙出了 30 万开了家名叫"动感空间"的理发店。仅仅用了两个月的时间，他们就赚回了 30 万，生意非常火爆。如果将其作为初创企业，那无疑是相当成功的。但是，程军建并不满足现状，他有更大的野心，正是这份野心促成了日后的阿玛尼。

2005 年，程军建正式创立了阿玛尼品牌，在上海田林路开设了第一家门店。对于这家来之不易的门店，程军建直言当初最缺的就是钱。为了拿下这家门店，程军建东拼西凑，前后一共用去 120 万，而当时自己手上却只有 8 万而已。在别人眼里这也许是场疯狂的豪赌，但程军建并不这么想，多年的摸爬滚打所积累下来的经验让他知道开设这家店意味着什么。

不出程军建所料，短短的 6 个月时间，程军建就把开店的这 120 万赚了回来。时至今日，阿玛尼门店覆盖全上海，门店数量达到了 50 家。

就在前不久结束的魔都时尚盛宴——上海时装周，阿玛尼作为专属造型合作伙伴，为大家带来了一个又一个美轮美奂的潮流造型，打造了一场视觉狂欢。作为创始人，程军建显得十分骄傲。

细节是魔鬼

能够从竞争激烈的市场中脱颖而出，除了拥有过硬的专业团队之外，程军建自然还有自己的门道。

服务是美容美发行业中最有力的武器。由于人们生活水平的提高以及生活观念的改变，对服务的要求也是越来越多，越来越高。

事无巨细，只要用心服务，气氛便会传染到周围人，拉近与客户间的距离。

飞马旅创始人、阿玛尼管理总顾问袁岳对阿玛尼有这样的评价：作为一个普通顾客，你在阿玛尼会得到热情的接待，分享给你护理爱发的知识，尊重你的消费选择权，不主动强势推销产品与用户卡，而且服务员对于你所分享的主题非常留意在行。这是一种舒适的感觉，这种舒适的感觉在阿玛尼的哪一个店都能感受到——在我的服务价值金字塔上这属于"尊重"、"一致"的范畴，而阿玛尼的服务人员经常会让顾客得到一些精细的服务体验。

为了做到这一点，阿玛尼格外重视服务人员的培养与训练，在业内很难再找出一个像阿玛尼一样花那么大的精力去办学校的。而最后的效果就是阿玛尼

使美容美发行业几乎 100% 的员工年跳槽率下降到 30% 左右。这也使得阿玛尼的服务体验可以得到持续的保证。

成功之路没有捷径

时尚、造型、潮流，这些词眼往往看上去很光鲜，但也许只有真正涉足行业，方会知道其中艰辛。

对于美容美发行业，程军建分享了自己的看法，他说："如果想做好，请准备两点：一、时间；二、努力。"

"做美容美发这个行业很累，原因很简单：一是人多，二是事多。你努力把人的服务管好了，他技术又不行了；你用心把技术抓上去了，他销售又跟不上了；而你很用心很努力地把技术、服务、销售都抓上去了，他心态又出问题了，觉得自己也可以去开店了。这一个流程走下来谁能不累？"

当然也有人不愿意受这样的累，想轻松点成功，就去寻找一些所谓的商业模式。想通过一个好的模式，把人、心、技术、销售、服务通通解决掉，或者说是绕过去。

结果证明这些问题不但解决不了，还把自己落了个臭名，适得其反。

原因其实很简单，想要做好美容美发这个行业就必须面对这么多的人和这么多的事，而不是光有钱、有权、有资源、有好的模式就能做好的。快速轻松的成功，不是这个行业的游戏规则。

最后，程军建说，"做自己能做的，做自己喜欢做的，做自己满意的，做别人认可的，我觉得就是成功，就是尊严。真想做好这个行业的人，请做好长时间努力的决心。如果你没准备好，请不要为了利益伤害这个行业，因为它是我们一生的事业。"

50万众筹起家，不会卖袜子的程序员不是好老板

让大家像订杂志一样订袜子。

——陈伯乐

企业一句话介绍：

男人袜——国内首家商务男袜包年订购服务平台。

十五年前，他是一个充满抱负的四有青年；十二年前，他是一个有着"PHP（超文本预处理器编程技术）小王子"称号的技术达人；七年前，他是服务于某知名香港上市公司的项目经理；现在，陈伯乐，男人袜创始人，已然就是一个卖男人袜的老板。

一路走来，如何"沦落"为一个卖袜子的小老板

2000年6月从校园毕业后，陈伯乐放弃了家里安排的会计"铁饭碗"，毅然孤身去北京追寻他的互联网梦。陈伯乐至今还能回忆出那段时光，"我的第一份工资只有800元，但是那却是我职业生涯中最快乐的一段时光。"

作为一个计算机行业的门外汉，在不到一年时间里，陈伯乐凭着热情掌握了网站制作、设计、开发的相关技能，同时还很机缘巧合地成为推动PHP技术（超文本预处理器编程技术）在国内发展的核心成员之一，也正是这个契

机，让陈伯乐认识了他的第二个东家。

2003年非典过后，陈伯乐来到上海，成为中金在线的第一个技术员工。他坦言，在中金在线的六年，是实战技术磨练最快的六年。"我和团队们一起从零开始，搭建了一个千万级访问量的金融门户网站。在每一个夜深人静的夜晚，我们挑灯写代码、调试服务器、优化数据库的场景，现在还会不时浮现在我的梦境。"

2009年的夏天，为了更好的眼前收益，陈伯乐离开中金，加入了一家上市公司开始担任项目经理。原以为更大的公司会有更好的机遇和发展空间，但这次他发现自己真的错了。

陈伯乐说道，在这里，他只是5000颗螺丝钉中的一颗。"每个人都是在为绩效做事，真正会做事的人没有会说话的人赚得多。每个月银行卡上的数字是更多了，但是我却完全找不到第一份工作800元给我带来的快感！我开始不断地怀疑自己真正想要的是什么？"

机会是留给有准备的人，对这句话，陈伯乐始终深信不已。

正在他为未来感到迷茫的时候，有一个可能改变他下半生的机会也正悄然而来。

2010年过完春节，一个之前在上海认识的朋友联系陈伯乐，想用资金来收购乐铺，前提是陈伯乐要去武汉，和他成立公司一起做。没有经过太多考虑，陈伯乐就答应了他。

"当时我的家人、包括爱人都不能理解为什么要放弃稳定的高薪工作，去做一件看不到希望的事。"如果说有谁影响了陈伯乐做这个决定的话，那一定是苹果创始人乔帮主的那句"Follow Your Heart！"

理想很丰满，现实很骨感。用陈伯乐的话来说，自己马上要面临的是一个全新的公司，一个没做过互联网的合伙人，以及一个没有老板经验的自己。

仅仅半年不到，他跟合伙人在发展方向上就发生了分歧。合伙人想尽快看到资金上的回报，而他只是想把顾客服务好。当分歧变成矛盾，一直到矛盾无法调解的时候，陈伯乐也预感到，似乎到了该离开的时候了。

"当我收拾完东西，走出自己所创立的品牌的办公室时，心反而觉得已经放开了，因为我找到了自己未来的方向。"陈说，他的第一次创业经历就这样还没有逗号，就已经划上了句号。

2010年11月8日，在经历了半个月的市场调查、加上半个月的封闭开发后，国内首家商务男袜包年订购服务平台——"男人袜"第一个版本公开上线。

"男人袜在开始就把自己定位为一家服务商，服务的目标客户就是像我这样的技术宅男。"同时男人袜平台只做标准化产品、必需品和消耗品，并找到了资金和服务两个方面的平衡点。

从合伙人的离开到一次神奇的众筹

男人袜的第一年，其实一直处于无盈利的状况。同样由于目标和人生观念的不一致，陈伯乐的第一个合伙人在2011年4月份的时候选择了离开。

合伙人的退出，意味着现金流即将面临断裂的危机，另一方面则是活生生的创业梦想的破灭。

当那部《中国合伙人》电影上映的时候，陈伯乐对着这部电影一连看了三遍。他毫不忌讳地坦言，对着这部电影，自己一个人在电影院角落里哭得稀里哗啦，因为这部电影中所触及的创业者与现实中的自己，有着太多的共鸣。感同身受之下，则是陈伯乐压抑多年的委屈、伤心、痛苦和无人可诉的压力，感触极为深刻。

合伙人走了，但是男人袜的平台依然还要继续运作。"当时货物快递自己打包，客户服务自己来做。"谁都不知道的是，当时公司只有三个人在苦苦支

撑着，其压力之大可想而知。

2014年愚人节那天，男人袜在网上发布众筹。这件事在男人袜的发展过程中起到了决定性的、不可磨灭的作用。

陈伯乐坦言，原本只想把消息丢在朋友圈，看下他们的反馈，即使失败了，也便算作愚人节的玩笑。

谁知这一句似真似假的玩笑，却给他赠送了一份意外惊喜。好友们的热情出乎意料，纷纷点赞，陈伯乐新开的3个微信群都是分分钟爆满。

仅仅78个小时的时间，这个曾经在风投和天使投资人那儿多次吃过闭门羹的"男人袜"成功达成了50万的众筹目标。用陈伯乐的话来说，他的小心脏一直在刷新着跳动的频率。

不得不说，互联网确实是一个诞生奇迹的地方。

通过这次成功的众筹，不仅仅让男人袜收获了500个微股东，更是收获了500个免费推广渠道，收获了一个500人的智囊团。

众筹成功后的这一年多来，男人袜的用户增长数量比过去三年的总量还要多。也得益于这次众筹，男人袜吸引到了第一笔天使投资。"这已经可以说明了这次活动带来的意义。"陈伯乐如是说。

陈伯乐说，创业这几年来，这个过程对他来说，就像一场说走就走的旅程。或许看不到终点在哪里，但是在路上，也不要忘记欣赏沿途的风景。能够跟小伙伴们一起成长，一起经历，这或许就是创业让人着迷的地方。

150万亿物流蓝海中，乘风前行，货来货往

> 企业的成功必定是团队每个人的成功。
>
> ——栾剑锋

企业一句话介绍：

货来货往——贯穿供应链整个环节，链接货主、三方、干线和配送的物流订单交易执行平台。在服装、医药、3C等多个物流领域形成跨全国的专业配送网络。

一间不算大的公司，一个打印资料亲力亲为的CEO，上海乘风企业管理咨询有限公司（以下简称"乘风物流"）就像栾剑锋对自己的形容一样——"接地气"。栾剑锋笑着告诉笔者，团队里其他同事几乎没有人叫他"栾总"，大家都不约而同地称他"栾工"。

乘风物流坐落在城郊物流企业环绕的圈子里，而非市区高大上的甲级写字楼内。"我们就是为了更接地气，更贴近客户。"CEO栾剑锋这样说。

"货来货往"诞生

一次偶然机会，让栾剑锋将创业的想法付诸实践。

当时，他被客户邀请作为甲方的业务副总和技术顾问，前往客户处串联整

个业务环节。"这是一家典型的第三方物流企业,当时我的想法很简单,既作为甲方,同时也想作为乙方经历一下。"

将过往的工作经历嫁接入"货来货往"平台业务后,栾剑锋和团队想要为它找到一套更合适的管理软件来完成整个业务的运作和流动。但是,他们发现事实的残酷,市场上根本就找不到这么一套物流业务运作和管理的完整系统。

考虑到栾剑锋的客户公司分类,如果委托公司是国内中小型企业,用国际大型品牌显然成本代价过高,不太现实。国内又没有一个成型稳定的管理系统,来支撑自家公司的物流平台。无奈之下,栾剑锋跟自己的团队一合计,不如自己动手开发一套这样的软件吧。

这样,栾剑锋便开始走上了创业的道路。

"不做豆腐渣工程"

"货来货往",乘风物流旗下的一个信息化平台,承载着栾剑锋全部的价值观。它虽然自身没有运输团队,但通过这一平台却能让物流企业接到更多的订单。从宏观视角来看,"货来货往"服务于整个物流领域。

作为一个"接地气的平台","货来货往"的研发团队与运作团队有着对物流行业的深刻理解。"物流企业最欠缺的是系统化的管理思维"。

按照他的设想,物流平台负责帮助物流企业找到货源和客户;而物流企业只需按照这套流程做好具体实施,省时又省力。

在不少用户眼中,"货来货往"拥有它独特的灵活便捷。这一特点,来源于栾剑锋团队对产品的精雕细琢。

一个简单细微的功能,别人可能做一个下午,而栾剑锋充分考虑各种可能的情况要做一周。

"没有做豆腐渣工程,是我们最自豪的事情。"栾剑锋比别人多花三到五倍的时间代价，搭建起自家产品的底层框架，奠定了货来货往这一平台稳定的根基。

创业，这一路披荆斩棘

刚刚踏上创业道路的栾剑锋，终于深刻体会到了理想与现实之间巨大的差异。

人才，特别是优秀的人才，永远是创业成功的必备条件。创业之初，栾剑锋也像无数的创业公司创始人一样，急需专业的优秀人才。

创业初期，没有足够的资金支撑，无法团结人才，更无法谈及梦想的实现。好在栾剑锋有几个同样一腔热血的创业兄弟，即便创业"九死一生"，他们也依旧义无反顾冲进创业大潮。

为了完成一张重要的订单，栾剑锋和他的团队足足花了半年时间，按照以往的标准，综合客户需求做出一份漂亮的业务说明书交予客户。

然而，等到了现场，进行上线示范操作的时候，意外发生了！

这套系统根本就不能用。这对栾剑锋团队来说，无异于一项巨大的打击，同时也是一个致命的转折点。

初尝失败之后，栾剑锋作为创始人，独自一人吞下所有的失败苦果。

汲取失败的栾剑锋告诉笔者，物流业最大的弊病便是局限性和局部性。"如果没有全视野的眼界和视角，那'货来货往'根本做不到现在的规模和发展速度。"

企业的成功是每个人的成功

栾剑锋眼中，每一位员工，都是一块无价的珍宝。作为管理者，你不能指

望一个人去解决所有事，人无完人，但团队是可以互补的。

"怎么样把团队凝聚起来，发挥他们的优势，这个才是创业者要做的"，栾剑锋认为，企业的失败，最根本的问题不在于员工，而在于管理者。如果没有把人调配到合适的地方，永远都无法成功。

栾剑锋说，企业的成功必定是团队每个人的成功。

曾经自己也是一枚热血青年，一门心思的想创业，栾剑锋非常清楚作为创业者和创业者团队成员的体验和感受。"当今中国，创业的确有着巨大的潜力与机会。如果现在不创业，过几年，创业机会几乎就不一定存在了。"

或许，在栾剑锋的内心深处，这句话不仅仅是对创业年轻人的一句劝告，同时也是对自己未来之路的劝勉与激励。

礼遇·二更呆住，呆得住才能走得远

> 寻回真诚，让情怀落地，呆得住才能走得远。
>
> ——金渭涛

企业一句话介绍：

礼遇·二更呆住——闹市中的民宿，与传统酒店SOP管理体系不同，礼遇·二更呆住的特点是去SOP，考核的标准只有一个，就是客户满意度。

黄浦区建国中路三号三楼，礼遇·二更呆住酒店。左边是新天地，右边是田子坊。稍不留神或许就会错过这扇绿意盎然的小门，进去之后又会发现别有一番天地。真可谓是隐藏在"闹市"中的"静土"。极简风格的装修与店名的"呆"十分契合，这样简单干净的地方的确十分适合发呆，其中细节之处又让人觉得温馨和体贴。

礼遇·二更呆住创始人金渭涛，被称为酒店行业的连续创业老兵，早在大学校园里就开始践行自己创业的理念。用他自己的话来讲就是"没上过一天班。"

偶然相遇，爱上酒店行业

从校园出来后，金渭涛开始了他的"倒煤"生涯。是的，没听错，跟煤炭有关的那个"倒煤"。其中原因不去细究，就在倒煤的过程中，由于经常出差

在外，他住上了短租房。经过分析，金渭涛认为在青岛这样的旅游城市，短租房的市场发展是很被看好的，于是他开始了短租房的创业。

从2010年到2013年，短租房的规模逐渐扩大。随着业务逐步扩大，金渭涛在酒店公寓领域一直深耕。不久后他遇到了事业的瓶颈期，"感觉公寓很难做出一个特别好的品牌，因为不同的公寓面对的客户群是不一样的。"

金渭涛以当时已有的项目举例，在青岛有一栋楼是40~50平方米的小公寓，旁边却是300平方米一套的豪宅，这两者面对的就是完全不同的客户。这意味着在运营和管理上，采取的策略完全不一样。"这就导致了团队会处于一个比较混沌混乱的局面，相当于每做一个项目，都需要单独立项，去设计一整套项目的东西。到最后你做了好多个公寓项目，但发现很难形成一个合力。"

但金渭涛仍然看好终端酒店和精品民宿的市场，经过一番深思熟虑，他来到上海创办了礼遇。纵观金渭涛的创业经历，不难发现，不管是短租式酒店、公寓式酒店，还是现在的精品民宿，可以说自始至终他都沿着酒店行业连续创业，"酒店行业的连续创业老兵"当之无愧。当笔者好奇问到"您很喜欢酒店行业吗？"金渭涛几乎是不假思索地脱口而出，"当然，不然怎么会六年都做同一个东西？"

随后他又笑说，可能因为大学期间没什么机会住酒店，没机会了解这个行业，短租房鬼使神差让他进入了这个行业，然后就爱上了这个行业。"现在出差出门住各种各样的酒店，就是我人生最大的乐趣。"

礼遇·二更呆住，有情怀的民宿

"以礼相待，所遇所见皆随缘。"这是对"礼遇"的服务描述，而"呆住"是含有"禅"的意义。用"呆住"二字代替酒店，即代表二更呆住不仅仅是一个解决睡觉功能的空间，更多的是一个可以让人"发呆"的空间，让人"呆得住"的空间。金渭涛解释道，这是由"呆"的逻辑衍生而来。

说到"呆"的逻辑，在这里就不得不提到一个人——水立方的设计师赵晓军老师，诨名阿呆。据悉，阿呆对金渭涛的影响很深，对礼遇·二更呆住的影响更甚。礼遇·二更呆住的走廊里，挂着不同的"呆"。

当阿呆在生活里遇到一些事儿，可能是孩子的教育问题，可能是跟邻里相处的问题，或者是面对一些很想要但却不能要的东西时怎么控制欲望，阿呆就会尝试用"呆"的逻辑告诉自己答案，这件事该怎么做。

在现实生活中，尤其是处于大城市的高压环境下，大多数人都是很辛苦的状态。不能来一场说走就走的旅行，也可以在城市里任性出走。进入到礼遇·二更呆住这样一个空间里，可以发呆，可以放松，可以仔细去听空气中有几种鸟的叫声，去闻有什么样的植物味道，去感受邻里街坊又发生了什么好玩的事情，这样才有更好的生命质量，这就是呆住这个空间想要带给人的。

竞争加剧的酒店行业，如何让情怀落地？

据长江证券分析师高超，在《2016年中报综述：行业维持高速增长，估值切换迎投资良机》的研究报告中显示，酒店行业在2016年上半年共实现营业收入41.64亿元，同比增长87.13%。虽然酒店行业营收提升，但盈利能力依旧承压。2016年上半年全国样本星级酒店平均入住率略有回升，但仍低于2013年前水平。

处于这样的行业背景下，当笔者抛出"礼遇·二更呆住是否担心盈利"这一疑问时，金渭涛说，礼遇·二更呆住与携程网等在线旅游服务平台合作，"呆住"田子坊店开业以来住房率达到85%，OTA网站好评率99%，房费以外的其他"呆住"衍生品餐饮消费占比13%，达到这样一个成绩已经不错。

近日，"呆住"作为第一个在互联网平台进行私募股权融资的酒店品牌，

在众筹平台上线，这种打破原有精品酒店、民宿单店的众筹模式，一上线即受到投资者追捧，不到半天即超募至近 2000 万元资金。

金渭涛认为，评估酒店主要从环境和位置、硬件、记忆还有公共空间四个显性纬度，以及卫生、服务、活动和项目三个隐性纬度来评判，剩下的就是运营、营销和财务。

运营要看人，现在大多数酒店管理的核心依旧是标准化，但是礼遇·二更呆住不喜欢过于流水线的服务，标准化的微笑背后不是真诚，而是刻板的公式化和距离感。"我们要做的，是把留在服务业的这些人圈起来，做一个特色的管家服务，我们要去 SOP 去标准化，做一种伴随式的服务，让服务回归人本身，接待客人就像招待久别重逢的朋友。"

创业如跑步，也许这就是奔跑的意义

> 创业艰难，需要创始人和团队拥有坚韧毅力，对于创业，我一直怀着一颗敬畏之心。
>
> ——马京伟

企业一句话介绍：

每步科技——每步专注路跑事业，以专业、共享、社群为核心理念，致力于为跑步爱好者和跑步组织提供价值和服务，将传统体育资源融入移动互联网，打造创新模式的新体育运营平台。

巴菲特说过，人生的很多问题，跑步可以给你答案。而每步科技（上海）有限公司创始人兼 CEO 马京伟却把跑步做成了自己的事业。

修长的身材，干练的装扮是马京伟留给笔者的第一印象。

"我创业前的履历非常简单"，马京伟说。1978 年出生的她，曾任职于华能国际（全球 500 强企业）华能集团河北分公司，华能邯峰发电厂。随后 2010—2015 年任我查查信息技术（上海）有限公司移动互联网首席营销官 CMO，高级营销总监，负责市场，运营，产品，推广等工作。带领团队将我查查用户数从起步拓展到 2.6 亿。对于这两段经历，马京伟给自己的打分是非常满意。

褪去职业的外衣，马京伟还有一个身份，马拉松及中长距离路跑骨灰级爱好者，第十届玄奘之路国际商学院戈壁挑战赛冠军成员。

跑步如此，创业亦如此

就在事业一帆风顺之时，马京伟做出了一个魄力十足的决定：回归校园。在学习中沉淀自己，为此前的工作经历做个梳理和总结。

2013年，马京伟正式进入厦门大学EMBA学习深造，在此期间与跑步这项运动结缘，从操场跑到全马赛道，最后跑上了茫茫戈壁滩。通过层层筛选，她终于成为厦门大学戈十成员之一，并且毅然决然地选择了最具难度的A队。她说道，在商学院有这么一句话，"没有上过戈壁等于没读过商学院"。参加戈壁挑战赛是商学院的一项传统。

最终，在砂砾无情地拍打之下，马京伟与队友们互相扶持，历时4天3夜，徒步112公里横穿沙漠，最终捧起了"分量十足"的冠军奖杯。

参加戈壁挑战赛对马京伟来说是个既痛苦又光荣的回忆，"那是一段尤为艰难的路，但是我们坚持了下来"，她说。

赛后，马京伟脑中萌生了一个想法，她把一起参加挑战赛的小伙伴们凑到一起，"我们一起创业吧"。大家一拍即合。

马京伟说，"在戈壁的赛场上，我们都是同生共死的兄弟，参赛的时候，连生命都可以相互托付。相比之下，一起创业这件事反而显得比较容易了。"

马京伟和她的团队毫不犹豫地把目标锁定在了跑步行业，她介绍说，"国内的跑步行业只是处于刚刚起步的状态，跑步管理组织很松散。没有人为处在不同阶段的跑者提供指导，跑者的许多需求无法得到满足，与跑步相关的很多服务都非常原始。"

结合自己的体会和周边跑友的情况，马京伟总结出跑者最需要的三样东西：需要陪伴、需要指导、需要参与赛事活动验证自己的成绩。

于是 2015 年 11 月，马京伟创立了每步科技 (上海) 有限公司，一家以跑步为核心的科技公司。

每步现在有四个主要业务。第一个是每步运动 App。App 的主要功能是为跑团提供线上的管理工具和活动组织支持。

第二个是引进美国 UESCA 专业跑步教练认证体系，通过教练培训为跑团输入专业教练人才，让跑团中的跑者得到科学的跑步指导。

第三个是建立每步直属跑步俱乐部体系，通过吸纳优秀的跑步俱乐部为平台储备专业的跑步服务人才。

第四个是建立每步 IP 赛事体系。截至目前，每步已经打造了三个不同定位的 IP 赛事，分别是"中国高校百英里接力赛"、"爱在每步——最甜蜜的 5 公里欢乐跑"和"BossRun 总裁跑"，每个 IP 设置数十个分赛站。已经举办的赛事受到参赛者的一致好评。

"不仅如此，为了提升国内跑步市场的专业性，我们与美国 UESCA 跑步教练认证体系共同在国内开展认证培训项目，希望通过丰富上游教练资源为更多的跑者提供科学指导。"马京伟说。这项认证从解剖学、运动生理学、运动心理学、训练科学等多个不同维度对潜在的跑步教练进行培训，课程体系非常全面。

创业就像跑步一样，需要不断地学习、磨炼，才能跑得稳、跑得好，也唯有从不间歇地跑，才能遥遥领先他人，捷足先登。这正是马京伟创业之路的真实写照。

前进需要的不是方向，而是不断奔跑

马京伟说，"坚持跑步的人几乎都有三大基本成功素质：绝不言弃，持之以恒，忍受孤独。"

创业就如同跑步，"创业是个很难的事情，它需要创始人和团队拥有坚韧的毅力，这是最重要的，对于创业，我一直有一颗敬畏的心。"

如今，许多企业高管都会有晨跑的习惯。在各种各样的锻炼方式中，跑步其实是一种很好的锻炼，既可以增强自身的身体素质，又能磨练意志和耐力。而这两者正是企业精英的必备素质。

每周三下午四点是每步的定期锻炼日，马京伟都会带着公司的小伙伴来到附近的同济大学操场挥洒汗水。"5公里、10公里，大家都会根据自身的情况来制定锻炼目标，这也是我们的企业文化，大家都非常热爱跑步。"

2016年10月，每步主办的"BossRun总裁接力跑"在上海滨江大道落下帷幕。这个以企业总裁和精英团队所组成的跑团吸引了社会各界的目光。"接力奔跑，团队作战，每个人都必须全力以赴。"马京伟说，团队的战斗能力来自领导的决策能力，也来自团队的凝聚力。企业领导人和团队成员相互砥砺，激发进取，完成超越才是比赛最大的意义。

无论创业还是人生，总会经历迷茫和痛苦的时期，每当这个时候，也许就像电影《阿甘正传》中说的那样，有人问他，为什么跑步？阿甘很酷地说，Just run。

以爱之名为老人打造专属品牌

> 我相信有一天，当我们到了这个年纪的时候，我们也会有这种只争朝夕的心情。
>
> ——赵玉涛

企业一句话介绍：

卡布奇诺——专注打造中老年高端智能手机品牌，目标是成为中老年人群使用手机中的"苹果"。

接受笔者采访的时候，赵玉涛刚从北京出差回到上海，他说原本赶往深圳，行程临时做了些调整。他穿着一身笔挺的西装，着装严肃，谈吐却很亲切随和。办公室很中式，干净整洁，透过窗户看出去，外面是一幢幢高楼，天气不错，夕阳无限好。

外表看起来还很年轻的赵玉涛，在手机行业已经有二十余年丰富的从业经验。"可以说我是亲身见证了手机行业的起起落落，这个行业竞争非常激烈甚至可以说是惨烈，但我还是觉得其中有很多机会。"赵玉涛说，即使在手机行业从业二十余年，直到今天，他仍觉得津津有味，乐在其中。

从天津到北京再到上海，是赵玉涛在这个行业的三个不同的阶段。1996年的时候，国内的通讯行业刚处于起步阶段，赵玉涛到了天津，在世界一流外企里面熟悉大规模生产这一业务。到了北京后，他就转到了设计和研发这条线。再从北京到上海后，他在上海学到了如何经营一家公司，这个时候进入到

了创业的阶段。

因"爱"而创业

2010年的时候，iPhone4和4S风靡全球，乔布斯和他所打造的苹果帝国彻底颠覆了世界。到了2013年的时候，智能手机已经走入到日常生活中，赵玉涛在这一年突然发现了一个市场机会。当时他父母用的还是功能机，当他想要把自己孩子的照片、视频，一些日常生活跟他的父母之间进行分享的时候，发现没有办法。

"我们朋友之间经常分享来分享去，互动得很频繁很精彩，老人们分享不了我们的精彩，可是老人家又特别喜欢看自己的孙子孙女，一看到他们就一整天都很开心。"赵玉涛说。

老年人真的需要一个智能手机，为此他专门到市场上找，有没有一款智能手机能适合老年人用。因为赵玉涛是专业做手机的，他也能了解老年人需要什么，结果找了很久，符合标准的真的一款都没找到。他恍然大悟，放眼望去，在手机这个领域，竟没有一个品牌是专属于老人的，市场一片空白。

促使他下定决心创业的，是他看到的一个现象。"许多人是给父母用上智能机了，但是老人用的永远是子女淘汰下来的产品，我们用了iPhone4把3给他们，用了5把4给他们，他们用得很别扭。"赵玉涛说，对老人来说，年轻一代用的智能机，声音很小字体很小，什么都小，里面还夹杂着英文。而且老年人听力不好，听不见容易紧张，越紧张越听不见。

一方面是用得不顺手，另一方面，赵玉涛认为，从情感上他也接受不了这样的事。"老年人为我们付出那么多，把我们带大，还要穿我们穿剩下的，吃我们吃剩下的，用我们用剩下的，本来我们现在也不是处于过去物质非常匮乏的年代，老人凭啥用剩下的东西呢？"

如果说以前赵玉涛和他的团队是躲在幕后默默辛勤工作，那么这一次他们想走到台前，完全"自编自导自演"，要为老年人打造专属于他们自己的品牌。而拥有一个自主品牌，也是赵玉涛一个多年的心愿。

卡布奇诺vs夕阳红

就这样，赵玉涛想要打造一个中高端的中老年手机品牌。定位明确之后，首先是确立品牌名字和价格，为此他也颇有感触。"我一开始要起卡布奇诺作品牌名字的时候，身边所有的朋友都反对"。赵玉涛说，可能很多人觉得卡布奇诺这个名字很难记，老年人又不常喝咖啡。

"卡半天也记不住卡什么，但站在一个创始人的角度，我觉得品牌就是要传递前瞻性的理念，我们的品牌到底是给老人暗示什么东西，到底想要给老人怎么样的生活？"

赵玉涛说，他心目中对于老人未来的生活，期待的是老人应该要优雅、时髦，要把生活过得很从容。就像年轻人到了咖啡厅一样，喝个咖啡聊聊天，休闲放松，从此过上优雅的、津津有味的生活。

他要找个名字代替这个愿望，想来想去还是咖啡最契合，而咖啡里面最让赵玉涛一见钟情的就是卡布奇诺。赵玉涛说，当时不管谁劝他，他就是改不了也不想改，后来发现这也是缘分。"后来我去查卡布奇诺到底什么意思，原来这个词发源于意大利，本意是向往美好，有爱的意思。"

另一方面，老人最怕别人说他们老，如果起个名字叫"夕阳红"，老人一听，会联想到自己老了，反而会生气，更不开心。但今天老人看到卡布奇诺的名字会明白，这个名字是希望他们年轻，希望他们能过上时尚如喝咖啡那般优雅的生活，挺好。

只争朝夕，熬下去天就亮了

在创业过程中，最让赵玉涛印象深刻的一件事情是老人那种学习新事物的热情，对科技的热情。在某一次，他去参观上海老年大学的手机培训课程，就是教给老年人如何使用智能手机。

"我在那个课堂上看到老人那种热情，那种对科技的渴望，拿个小本子。你知道我们现在开会我都懒得拿本子了，顶多用手机拍个照什么的。老人还是传统模式，拿个本子工工整整记录得清清楚楚，那种认真劲，让我印象非常深刻！"赵玉涛说，他相信当某一天，自己老了的时候，也会有这种只争朝夕的心情。

对于创业，赵玉涛说，"如果你真地认准了这个事情，如果你真地认为这个方向是对的，不管别人说什么，作为领导和开拓者，都要有坚持和魄力——不管多大的困难，坚持熬下去，熬到一定程度，天就会亮了。"

如果有一天你抱怨自己碌碌无为，那一定是没有努力活得丰盛

> 我的野心，远不止下一个"钉钉"那么简单。
>
> ——贾冷

企业一句话介绍：

宜乐利客——小企业，大格局，企业管理应用服务平台，像500强一样管理你的企业。

一家创业公司，2011年上线，从未寻求过融资，独立挺过盈亏不平衡的窘境，在人声鼎沸中默默前行，紧咬着牙，狠攥着手。

"我不觉得一家连自负盈亏都做不到的公司是一家好公司。"刘海飘逸利落的贾冷，有着三分傲骨，一如他的名字。"连模式都没有成熟就跑到外面找融资，纯粹是扯淡。"

一句话得罪了在风投圈里横冲直撞找融资的小半企业，但笔者觉得，贾冷说的不无道理。风投本来就不是傻子，不会为了你苍白和不甚坚定的梦想买单。现在的创业公司，很多都被风投给惯坏了，一遇到困境，先想到的就是融资。

6年蛰伏专注企业管理应用软件系统

像贾冷这样不拜山头不求人，勒紧了裤腰带，兄弟们照发工资，一起拨云

见日的，还真不多，有老一辈儿实体企业家的古风，虽然贾冷做的是 SAAS 企业管理应用软件系统，典型的互联网企业。

到今年，贾冷的上海九霄祥云网络科技有限公司（以下简称"九霄祥云"）盈利已经超过百万，每年百分之二十的速度上升，并且没有股权稀释。

贾冷的企业管理应用云，已经和米其林、特步、母婴之家等多家企业合作，但很多人其实对这个领域还比较陌生，提到企业管理软件，人们第一个想到的就是钉钉。但是九霄祥云旗下的宜乐利客能做的，要更多。

钉钉所关注的是企业 OA 上的管理应用，宜乐利客则把重心放到了企业管理应用软件 CRM 与 BPM 的优化上面。

以每个企业关注的前端营销服务的流程管理为例，系统将多渠道交互融合进入一个工作台，将每个客户的信息进行留存，自动建立不同业务文档，记录反馈信息，并通过实时可视的销售过程管理，一键流转，与其他部门形成一个快捷协作的管理应用系统。特步（中国）在使用了这套系统之后，营销客服部门每年成本削减了 20 万。

兜兜转转的创业史

贾冷出身在一个普通的工薪家庭，在龙蟠虎踞的金陵城中毫不起眼。父母都是知青。从小教育不甚严苛，给了他一个自由成长与思考的环境。

1994 年考到了东南大学。毕业之后在南京找了第一份工作。那个期间他平平淡淡，没什么波澜。工作两年升到部门主管，却因为和女朋友分手，负气远走深圳。

之后到上海，又是三年，拿到新公司原始股，同时和女朋友复合，结婚，重回南京城。深圳总公司为了挽留，在南京开辟分部，给钱给资源，这是贾冷第一次被动创业。

如果有一天你抱怨自己碌碌无为，那一定是没有努力活得丰盛

念念不忘，必有回响，因为爱情兜兜转转的贾冷，没有 CEO 条条框框的生硬，更多的是读书人的意气风流。

贾冷并没有多大的野心，把自己定义成千千万万草根中的一员，没有任何倚仗与背景，却依旧能在社会中实现自我价值，或许这就是创业的魅力。

2004 年的时候，总公司因战略调整不得不关闭南京分公司。为了对得起身后这帮兄弟，对得起自己的抱负，他真正进入了企业创始人角色。当然，贾冷对企业信息化管理的未来发展也坚信不疑。

2007 年再进日企学习企业通讯之后，重整旗鼓，2010 年，贾冷的 SAAS 云管理系统正式上线，这是他的第一次正式创业，之前是十二年的漫长沉淀。

"毕业生创业，没那么靠谱，成功的肯定也会有，但必然不是像我这样的普通人。"贾冷说道。在现在的商业环境下，普通人要想创业成功是多么的困难。但是，他仍然相信世界是公平的，天道酬勤。他愿意带领一帮志同道合者向前，并相信通过他们的努力付出能获得收获。

如今九霄祥云的 SAAS 企业管理应用系统已经趋向成熟，越来越多的企业正在使用它。现在中国的经济放慢，运营成本高涨。未来企业管理的方向也会从传统的粗放管理趋向于数据化、信息化、精细化管理。九霄祥云的 LINK+ 管理应用软件，可以让企业降低运营成本，提高工作效率。

笔者说在创投圈的早期项目里，一轮融资都没有，就能做到盈亏平衡的公司已经很不错了。

"是嘛？"年近不惑的贾冷，笑起来有些孩子气，带着两个酒窝。原来爱笑的男人，运气同样不会太差。

留德声乐博士+中文系书生=
首部网络校园情景喜剧

> 现在我只想把网剧拍好,即使拿到电影的融资也不会去拍,因为那样既对不起观众,也对不起自己。
>
> ——潘昊

企业一句话介绍:

上海便雅悯文化传播公司——做中国的《破产姐妹》。

90初的这一代,都逐渐开始离开校园,80后的也大都为人父母。物质文明发展到了今天,已经空前的繁荣,繁荣到我们远远不像上个世纪的人那般挑剔。

快餐文化的甚嚣尘上,踏踏实实带着匠心拍电影,做学问的人,也多年不见。中国人,人傻钱多。这个标签,是我们给自己贴上的。

影视圈仿佛是一座浓雾之中,人声鼎沸的城。浮躁之中安静的地方很少,而有一块恰巧就在飞马旅 5i CENTER 的五楼,置身于众多的初创企业之中。

上海便雅悯文化传播公司,leader 叫潘昊,制片人叫张玮玒。一个自嘲是华师大中文系的穷酸书生,一个笑称自己是神经大条的波霸女神。他们做的网剧叫《奇葩兄妹》,好像就是在说他们自己。

笔者走进他们办公室的时候,潘昊正披着一块毛毯进行网剧的后期修改。胡子拉碴,些许不修边幅,却眼神明亮,全神贯注。站起来和我打招呼的时

留德声乐博士+中文系书生=首部网络校园情景喜剧

候，才发现他身材颀长，气质凛然，颇有几分落拓书生的意气。

笔者问他最喜欢哪一个导演，他说李安。"徐克孤僻侠气，王家卫深沉潇洒，张艺谋大气华丽，杜琪峰悲情宿命。"只有李安，一介书生。而潘昊呢，也是书生从影。

导演拍电影，没有不是为了实现个人抱负的，潘昊也不例外。但是除此之外，他更关心的是团队里其他人的感受，让每个人都能体现自己的价值，实现自我的抱负。这在影视圈中，是并不多见的。而导演给灯光摄影画一个大饼，事后概不认账，这种所谓的强者文化，则是屡见不鲜。

潘昊说电影里其实最难拍的就是商业片，艺术片只需要满足导演一个人的情怀，注定是小众的，而商业片则需要迎合所有的观众。

他说现在想的就是怎么把网剧拍好，大荧幕的事，等以后沉淀下来再说。即使拿到电影的融资也不会去拍，因为那样既对不起观众，也对不起自己。

笔者后来百度潘昊的时候，词条是这么说的：原来他当导演以来，拍的第一部就是电影，院线上映，两倍于成本的回收。

他之所以说仍然需要沉淀，仍然需要去学习如何说好一个故事。我想是因为他的偶像是李安吧，宁缺毋滥。

万万没想到网剧的火爆，是划时代的。他电影的效果，则远远低于人们的预期。

去年，跨界舞台剧和电影界的开心麻花，其电影处女作《夏洛特烦恼》，口碑票房双丰收。但别忘了，开心麻花的主创团队，是在舞台剧和话剧扎根了十三年之后，才转向大荧幕。

不是拍网剧的人拍不出好电影，而是不积跬步，何以至千里。

公司另一创始人——张玮玒，笑起来的时候很像破产姐妹里的MAX，说不出的风情。留德九年，声乐博士，中国好声音的声乐指导，同济音乐系的声

乐老师。在剧场办过个人演唱会，却心心念念做一个好的电影人。

笔者问她后悔么，她说不后悔。犹豫么，毫不犹豫。艺术没有跨界，因为艺术是通脉连枝的。电影是通过情节的铺垫，一步一步地推向高潮。一如歌剧，节奏和音符的交织，烘托出最后迸发的情感。

张玮玒说她做电影，是命运的抉择。因为热爱，唯有热爱。人生如戏，戏如人生。

好的导演，应该就是把影像融进自己生命里吧。

我不惧怕挑战

> 我不惧怕挑战，相反，其实我喜欢冒险，也喜欢挑战。
>
> ——陆浩川

企业一句话介绍：

神笔蛋宝——适用于 2-8 岁儿童的大型互动涂鸦系统，致力于打破传统儿童娱乐模式的束缚，充分开发儿童的创造力和动手能力。

创业前的准备

儿童可以在大型触摸屏上涂鸦自己喜爱的动物，将绘制好的动物随手一"扔"，便可在大型显示墙上，在场景中即刻"变活"。

神笔蛋宝的开发者兼 CEO 陆浩川在人机交互系统、产品设计等行业从事了五年之久，有丰富的设计和开发经验，成功开发了多套商用互动产品。

2004 年陆浩川考入浙大，随后去了新加坡，念的专业是电子电机工程。大二的时候，他在学校做了一个 AR 相关的项目，在当时诺基亚畅通无阻"霸道横行"的时代，那个项目算是比较早期和领先的，他也凭借这个项目拿到了学校里的金奖。

2008 年时，陆浩川去了法国，进入为期大半年的实习期，那是在法国的一个实验室里，他呆了 8 个月。大四的时候毕业设计做的机器人，也是人机交

互这个领域，毕业之后在美国的一个工程顾问公司工作了两年。

2011年的时候，他回到了国内，跟初中同学创业做跟体感交互相关的商业解决方案，由于这方面的市场比较窄，所以后来经过调整就换了一些方向。但都是基于大智能触摸屏的解决方案，因为服务的是商业客户，一年做几十个项目，也能达到五六百万的全额，只是相对比较碎片化，无法形成完整的系统化的东西。

在服务商业客户的过程中，陆浩川及其团队通过商业地产的一些峰会论坛和招商活动，接触到儿童乐园这一块，了解到儿童乐园对于商业地产来说是一块比较大的业态，能为商业地产吸引客流，于是去年的时候，他们切入到儿童这个领域。

商业和兴趣结合

陆浩川给笔者的印象是非常聪明，冷静并且理性，如果非要贴标签的话，那就是典型的理工男。而且从他陈述的个人经历来看，他的实践能力非常强。除去大学在学校拿到金奖的那个AR项目，他在新加坡的时候"捣腾"过几个项目，还拿那些项目进行过融资。只是由于新加坡的整体市场比较小，而且项目在那时并不是特别成熟，后面他就放弃了，回到国内自己创业。

"首先从商业的本质来讲，儿童这一块的市场非常的大，另一方面我自己对儿童玩的东西本身就非常感兴趣。"陆浩川说，尽管自己还没有小孩，但其他几个合伙人都是有小朋友的，因此他经常跟小朋友接触。在这个过程中，他发现小朋友天生对这些互动的产品十分敏感，这些产品对他们而言确实有比较大的吸引力。

陆浩川自己小时候也很爱玩各种各样的模型，比如四驱车。现在的小朋友成长环境相对他那个时候幸福多了，他们处于一个不缺玩具的年代，但选择什么样的玩具，关键还是在于家长。所以神笔蛋宝在产品开发和设计的时候，既从小朋友的角度考虑了用户体验，也考虑到了家长的用户体验。

创业的路是孤独的

理工科出身的陆浩川，大部分时候都是在实验室或是在研发项目，对于人际交往并不是特别擅长，另一方面由于社会工作经验并不是那么丰富，对于团队的管理他也没什么概念，这些在创业之初的时候对他而言都是不小的挑战。

"学着怎么跟人打交道，怎么开拓市场，怎么管理团队，这些在最早的时候作为挑战，都是边跑边学，但其实我是喜欢挑战的一个人，我喜欢玩户外运动、户外探险、滑雪、潜水这些具有挑战性的运动。"陆浩川说，他并不惧怕挑战。

在创业早期的时候，身边的一些朋友曾经对他说，"创业其实一年也赚不了多少钱，又很辛苦，没什么意思，你何苦这么折腾自己呢？"他说，既然选择了这条路，而且商业和技术结合的领域是他自己非常感兴趣的一块，就要坚持走下去，整个过程中势必会出现很多认可这些方向或者不认可这些方向的人，有价值的意见就汲取，对于认可和不认可都要平静地看待。

关于神笔蛋宝

陆浩川表示，神笔蛋宝的核心竞争优势一块是渠道，另一块是产品。在渠道推广上神笔蛋宝做了不少的工作，然后另外一块是产品技术的持续的研发能力，同时考虑到三方面的用户体验，是神笔蛋宝在市场上差异化竞争的重要优势。

对于儿童来说，产品的吸引之处在于使用简单、有趣、好玩、内容持续更

新。从家长的角度来说，这产品是有意义的，对于小朋友来说是益智的，是寓教于乐的。对于第三方儿童乐园来说，它的运维成本非常低，能给乐园带来利益。

神笔蛋宝最大的特征和特色还在于开创了连通的新模式。现在儿童乐园里一些娱乐产品都是相对孤立的，要么在乐园里玩，要么在家里玩，没有线上线下把它打通。而陆浩川他们所做的是试图把线下乐园的场景和家庭连通，打造一个全场景的"儿童文娱互动内容＋媒介平台"。

在接受笔者采访时，资金问题是陆浩川最担心的问题，是神笔蛋宝之前发展最大的瓶颈。然而正如他所言，他在碰到困难方面还是有自己的思路和一定的韧劲去解决问题的，他也愿意去冒险去接受挑战。据悉，最近陆浩川已经和两家投资机构达成融资意向，资金即将到位，相信解决了资金瓶颈之后，未来神笔蛋宝的发展将会更加顺利。

因为专注，所以值得关注

> 不积跬步，无以至千里。
>
> ——赵祺（语出荀子《劝学》）

企业一句话介绍：

车来了——专注于实时公交，并提供优化的公共交通出行方案，致力于提升城市公共交通出行体验和选择率。

2013年车来了初创，并以武汉为起点，覆盖中国4个城市；2014年继续发力，为全国15个城市提供出行服务；2015年成倍的速度，迅速覆盖60个城市；2016年截止目前覆盖了全国76个城市，并不断完善大数据分析，提供更精准的公交出行服务。

虽然车来了已经成为实时公交出行领域的老大，但是对创业公司来说，追求的并不是暂时的成绩，面对市场上其他竞争对手，以专注、技术、服务、脚踏实地取得用户的信赖和长期发展。

其他公交神器紧追不舍，车来了依靠技术和资源突围

实时公交定位作为城市人群出行的硬需求，车来了进入这一领域，受到各个群体青睐的同时，百度地图、高德地图、公交公司本身的系统应用，以及同样以实时公交定位为基础的酷米客等，都紧接着进入这片市场，想要分得一

杯羹。

随着共享经济这一概念的渗透，政府逐渐开放了公交数据，与企业合作。"车来了依靠自身在算法、大数据分析等技术方面的独特优势，与公交集团进行合作，分析居民的出行轨迹以及出行预测，帮助公交集团进行优化和提升，以资源置换的方式获得合作。"车来了产品总监赵祺表示，与公交集团目前更多的是合作而不是竞争。

面对百度地图、高德地图等巨头公司，车来了依靠多年的市场积累和经验并不担心他们会抢了自己的"饭碗"。

每天各种复杂情况成为考验公交神器的"照妖镜"，赵祺讲了一个与百度地图"比赛"的例子：每一辆公交车的线路，都是后台控制的，车来了只有车辆GPS定位，如何快速判断车辆是哪一路公交，对实时定位来说，是一个挑战。车来了在杭州与百度地图进行竞争的时候，利用独特的算法，比百度做好10到20个点，更加准确快速。

对于北大计算机博士出身的赵祺而言，专注于公交领域的技术，成为公司成长发展，在竞争中立于不败之地的不二法门。

团队成员不容小觑

赵祺作为车来了产品总监，有着北大计算机博士的学历，曾是豌豆荚、豆瓣的主要产品负责人，不仅在技术上有深厚的知识基础，在产品运营方面也有多年经验，用他的话来说："我们希望培养的都是全能人才，做工程师的也要有用户思维。"

赵祺自己也是全能人才践行者，朋友圈显示：已经在豆瓣读了1579本书，豆瓣里记录了1401部电影；车来了团队里，技术、产品、运营他都全权负责。

"作为一个年轻的互联网公司，一专多能会逐渐成为趋势，每个人的学习和提升促进整个团队的提升，才是公司的目标。"对于公司团队的培养，他表示，公司主要还是85后和90后的年轻人居多，更注重公司人员的学习能力和成长能力。

公司在培养年轻一代的同时，还有经验老道的技术人员作为坚强后盾。"算法团队的负责人孙熙，对于智慧城市建设，特别是智能交通领域有着深厚积淀。还有另一位钱金蕾，有着国内顶尖互联网公司资深工程师背景，八年工作经验的高级研发工程师。团队里还有不少全国奥赛金牌的获得者。"说起自家技术团队，赵祺对他们充满自豪，如数家珍。

公共交通市场可观，追求产品极致

据广州日报报道，2016年1~7月，深圳市公共交通系统共运送乘客20.20亿人次，日均客运量946.41万人次，其中：轨道交通325.79万人次、公共汽车519万人次、出租车101.62万人次，公共交通占机动化出行分担率达56.1%。

深圳作为"北上广深"四大城市之一，其公共出行数据如此庞大，其他城市可见一斑。

"国内公共交通是一个非常大的市场，也是我们发展的一个方向，我们就是专注于这个市场。对公交出行进行深度市场挖掘，方便大众的出行时间管理，公交出行市场有待开发的地方还很多。"赵祺表示对公交出行这一市场非常看好。

以企业的社会责任来说，车来了要做的是通过大数据改善整个公共交通，让公共交通成为城市出行的最优选择。

"还有一分钟XX路公交车到站；前方有堵车，建议稍等20分钟，乘坐下一班公交，或者换乘XX路公交。"赵祺介绍，今后的公共交通能够以这样的

形式管理大众整个公共交通的出行，让出行更加便利的同时降低出行成本，而且准确性大大提高。

赵祺还记得进入车来了之初，北京的公司也就几个人，大家一点一滴将团队打造成现在几十个人，事情慢慢做起来，成果一天天积累出来，"不积跬步无以至千里"从无到有，从有到追求极致，车来了的每一步都在有计划的进行着。

如今环境污染，雾霾严重，整治大气污染成为当代重任，公共交通开始被越来越多的人呼唤。以独到的技术与政府合作来改善城市出行，也许会成为车来了下一个攻城略地的目标。

"城市交通的未来属于公共交通。"这是车来了的愿景，未来可期。

想做饰品界的ZARA

> 拒绝没有追求的人生。
>
> ——林炳龙

企业一句话介绍：

YIBOYO——大美旗下韩国超时尚配饰集合品牌。以韩国供应链打造代表韩流时尚配饰集合店。独一无二的产品和体验式消费的结合，为用户提供品质快时尚。

"拒绝没有追求的人生"，这是YIBOYO创始人林炳龙新浪微博的个人简介。

王健林说过，"先定一个能达到的小目标，比方说我先挣它一个亿。"而林炳龙说，"先定一个能达到的小目标，比方说我先开它1000家YIBOYO门店。"

照亮爱美之人

只要踏进YIBOYO的店铺，无论你是穿貂皮大衣手挎名牌包包还是衣衫破旧面露难色，都必会看到营业员的微笑鞠躬，亲切问候。

"我们企业文化里面有两句话，我们用尊重别人的方式去得到别人的尊重，在改变别人之前先改变自己。"林炳龙虽然是从机械行业跳到饰品行业，但是

在这样的服务意识下，将YIBOYO做的风生水起。

YIBOYO以独有的商业模式；数千个SKU，不同款式颜色只有一个，而且只补新货，不同的门店也有可能都是不同的商品，让爱美的女性用户每次来看到的都是新品，并把自己定位于配饰类的"ZARA"。

"还记得我们走出上海的第一家YIBOYO门店，在成都。因对当地不熟，装修时出了点差错，耽误了工期，为了不影响正常的开业时间，大家连续工作3个通宵后，才达到正常营业状态。"这些开创新篇幅的点点滴滴，让林炳龙记忆犹新。

"当时每个人每天要站14个小时，甚至看到地上掉了东西都不敢捡起来，怕蹲下来之后起不来。"林炳龙说。

"只要爱美都是你的用户"简单的一句话，体现了他包容的心态。不仅对每位顾客尊重，对店内的营业员也非常尊重和友善。

YIBOYO有一个与众不同的服务流程：店员服务客人，门店管理人员服务他们的店员，后台所有人服务前台，从上而下薪水越高越要服务团队，不是让你的团队服务于你。看似简单，实际上是让营业员有一个好心情，自内而外地传达给顾客，这是企业文化重要的部分。

照亮团队方向

对林炳龙来说，YIBOYO的成绩是稳扎稳打，一步步走出来的。

"互联网从0到1虽然很困难，但是只要有了1，马上就会增长，会一下子爆发，但是线下，要一家一家的开，每个细节都是日积月累的1+1，要成为一个规范的企业，成为一个品牌，还是需要一个漫长的积累过程。"

这个漫长的过程也包括对人才的培养。目前YIBOYO很多核心门店的人员，都是早年跟着林炳龙一起从第一家营业员做起，坚持到现在至少是店长，或者是督导，或者是区域经理、门店核心的干部。

自从创办 YIBOYO，林炳龙似乎就没有回家跟家人一起吃过年夜饭，没有在十一、五一的时候带着家人出去旅游，几乎所有的时间他都花在 YIBOYO 上。

"我们春节都不放假，这五六年都是跟员工一起过，原来只有上海团队的时候，年三十跟我们没有回家的店员一起吃年夜饭，因为年三十大家都没有休息，依然在岗。现在北京、成都也有店，我们是年三十晚上在上海吃饭，然后一号去北京跟北京团队吃饭，然后又飞到成都。"林炳龙把团队当成了另一个"家"。

为了这个"家"更好，走的更远，林炳龙近乎追求完美地注重细节。"人家会投一个满地灰尘的公司吗？肯定不会，你连这个都管理不好，怎么指望你做一个更好的公司，我对这个方面跟他们要求高一点，特别是卫生，还有自己的工作习惯。"如果在公司，被林炳龙看到脏乱差的地方，是要受到特殊的惩罚。

林炳龙还带着团队完成了自己的一套培训系统，帮助提升营业员销售能力。"我们整个培训资料这么厚。"林炳龙用手比划了一下，"很多东西都是我们实际操作中遇到的问题，慢慢积累写出来的。"

"我相信 YIBOYO 将来会成为代表韩国一种文化潮流的语言。"林炳龙的未来目标就是把 YIBOYO 打造成一个饰品连锁品牌，他希望通过自己的坚持换来成功的机遇。

照亮黑暗中的"小角落"

"既然来到这个世界上，总归是要消失的，只不过看你跟什么比，如果你跟蚂蚁比，你的生命很长；如果跟整个宇宙来比，你就是连一个火柴燃烧的瞬

间都没有。每个创始人都有愿意燃烧身体做一盏灯的使命感，这是一直支撑我们坚持走下去的信念。"

YIBOYO 有个"爱心箱"，每次员工犯了小错，都会被提醒往爱心箱里投一块、五块不等金额，这些钱会捐助给困难的孩子，受帮助的孩子的照片会贴在墙上。未来，林炳龙希望在公益上做更多力所能及的事情。

"我一直也想做一些公益性的，像山区儿童免费午餐那样，我们领养二十个三十个儿童，做能力之内的事情，除了生活基本的保障以外，其实开心并不仅仅来自于这种保障，给她漂亮的夹子，也许小姑娘会开心好几天，这和多吃一个鸡蛋或者一块肉是两个概念。我想做的不仅是解决温饱问题，更重要的是带来精神的愉悦，我一直在想什么时候找个好的平台去启动。"

林炳龙把创业者比作苦行僧，创业的过程相当于修炼，无论最终目的地是哪里，记得出发时的初心，至少在修炼中往好的方向走。

"我喜欢这一类人，他们的生活狂妄不羁，说起话热情洋溢，对生活十分苛求，希望拥有一切。他们对平凡的事物不屑一顾，但他们渴望燃烧，像神话剧情的黄色罗马蜡烛那样燃烧；渴望爆炸，像发出蓝色的光令人惊叹不已。"这是林炳龙比较喜欢的一句话，但愿他的人生能够狂妄，能够火热，能够发光爆炸，然后让人赞叹。

一只"包子"走天下，
易动传媒做到了

> 如果用一句话来形容自己，我可能就是那个喜欢玩出新花样的动画"老顽童"吧。
>
> ——程海明

企业一句话介绍：

易动传媒——由行业知名的"包强"动画团队发起成立的原创企业。公司凭借优秀创意和高水平的品质，为中国的动漫行业和市场创造了多项纪录。

你可能没有听过"广州易动文化传播有限公司"，但你一定会对一只"包子"感到熟悉。

这只"包子"2006年活跃于屏幕上并吸引了大票粉丝，网友直呼"看到了中国动画的希望"。这只"包子"叫包强，是包强系列动画的主角，包强厌倦了饮食圈而渴望去娱乐圈发展，凭着排山倒海的激情和荡气回肠的毅力学会了K歌和双截棍……

包强版动画短片一播出就引起轩然大波，网友甚至不惜"人肉"出包强的创作者——孙海鹏，毕业于湖北美术学院的他，彼时还在武汉。那时的孙海鹏恐怕自己也没有想到，会遇到人生中另一位重要的人，那便是程海明。

喜欢玩出新花样的动画"老顽童"

程海明23岁开始进入动画制作行业，一直从事中国最早的专业动画教育教材出版。之后的几年连续担任国内外一些电影的监制、后期导演。在美国电影《Deep rescue》担任视觉效果总监，美国电影《Disaster》的视觉效果监制，《封神榜》特效导演，《南越王》监制、特效导演等等，到了2009年－2011年还受广东省政府委托创建华南地区最大影视娱乐中心——《南方数字娱乐公共服务中心》担任平台首任主任，运营管理一亿的国有资产。

2009年，在影视生涯中纵横了十年后，多年的影视从业经验一定程度上培养了程海明商业嗅觉的敏锐性，他开始潜心寻找有潜力、有市场前景的动漫形象。就在这时他看上了这只没手没脚的"包子"，正好孙海鹏也在想方设法包装"包强"，于是他俩一拍即合，成立了广州易动文化传播有限公司旗下的"包强"动画制作团队，并且担任公司的董事长。

2009年程海明和孙海鹏开始一起策划和创作"包强"系列动画项目，直至2014年2月制作完成并首播以包强为主角的系列电视动画片《美食大冒险》。并以每年2季，持续6季的速度进行全球推广发行。

《美食大冒险》作为易动公司旗舰品牌，创造了多项行业新纪录：10倍于均价的媒体预售；20家卫视，70家地面频道同步热播；海外60个国家同步发行；联手10余家总值数百亿规模的行业巨头合作推广；国内外网络、航空、车载等全媒体覆盖发行。

一只"包子"走天下，易动传媒做到了

机遇与挑战并存

从几人的团队发展到几百人的企业，整个创业过程一路走来不无心酸和感触。令程海明印象深刻的一件事是，在创业的初期阶段，"包强"并不盈利，为了养活整个团队只能依靠着"外包"，做后期制作和广告来维持公司的运作。

"就这样熬过了一段'拆东墙补西墙'的苦日子，一步一步走到今天，确实让我很感慨，特别是整个团队的共同努力。"在今天看起来这是一段啼笑皆非的经历，可资金困境却是大多数创业公司在初期都会面临的问题，有的公司挺住了，也有的倒下了，在这场巨潮中，永远没人知道明天和意外哪个先来。

曾经国内动漫行业的确不景气，那时候公司发展很困难，当时和易动谈的很多项目都没有成功，因为投资方对于文化产业尤其是动漫企业，态度十分谨慎。

"我知道改变现状不是一朝一夕的事情，但不能浮躁，沉下心坚持下去，就这么一直激励自己，并且开始尝试学习外国成熟的商业模式，摒弃了一些国内动漫企业的固化误区——国内很多动漫企业很大程度地控制制作成本，这样做出来的片子质量一定是不过关的，越是差越是没人看没人买，只会是一个恶性循环。我坚持要保证动画质量，从而保证市场，只有这样，国内的动画发展才有更大的空间，只有做精了才有出路。"秉持着这样的信念，程海明带领易动传媒走出了国门，参加了很多国外的授权展和电影节，除了国内市场还开辟了广阔的海外市场。

在易动发展过程中，一次很振奋人心的经历是，当时程海明和他的团队坚持要把"包强"做成精品，但是"包强"动画片高额的制作成本让他们倍感压力，当他们马不停蹄地找投资商的时候，北京卡酷卫视以高于目前动画片播出

市场价10倍的价钱，预购了"包强"动画片《食功夫》的首播权，给了整个团队一颗定心丸。"真的很让人激动和开心！"时至今日程海明回想起来依然心潮澎湃，感激路上遇到的"贵人"，才让易动有了今天的规模和发展。

坚持本土特色，同时追求创新

目前易动传媒有独立完善的部门分工与运作，真真正正拥有了一支庞大的制作队伍，这些都是易动传媒创作优质国产动画的有利条件。"好莱坞模式加中国元素"可以说是易动独创的一种全新的商业模式，发展至今一直沿用。"我们要求每一位员工都要在自己岗位中不断追求创新，挖掘潜在机会，因此追求创新就是我们的企业文化。"

作为业内领先的动画制作公司，易动的产品最大的特点就是力求最大程度地实现本土民族文化及中华传统的回归。就《美食大冒险》这部动画片来说，作为一部国内原创动画，在动画的艺术价值上，始终保持着本土民族文化精神和特色，整部动画片以中国传统元素为主调，片中的动画角色也是来自于中国传统文化元素的改造与加工。程海明认为，作为国内动画的代表，要坚持自己的特色，才能带着本土文化走出国门，发扬光大。

作为创业者，程海明认为，并没有所谓的成功秘诀，最大的经验就是保持平和，脚踏实地，坚持不懈，永远都不要只满足于眼前的小成功。不断地创新，展开双臂才能拥抱商业。

走出体制，让行医更纯粹

> 凡愿意走向自由执业者，余将助之。
>
> ——宋冬雷

企业一句话介绍：

冬雷脑科医生集团（BDG）——以推动中国医改为己任，以做"令人感动的医疗"为目标，采用自由执业+多点执业的方式为患者提供高水平的脑科诊疗疾病服务。

谈到宋冬雷医生，业内人士首先想到的就是一位光环加身的名医。原复旦大学附属华山医院神经外科主任医师，教授，博士生导师，华山医院神经外科脑血管病医疗组组长，原上海德济医院院长，是国内外少数同时精通血管内栓塞治疗和显微外科手术的神经外科专家之一，通常人眼中的大专家。而现在，他又多了一个头衔——冬雷脑科医生集团创始人。

2013年初毅然决然地走出了上海华山医院来到德济，从名院名医变成了私立医院的院长。在2015年9月，又再次走出了德济，成立了国内第一个体制外脑科医生集团。

对很多医生来说，从公立医院到民营医院已经是职业生涯的巨大跨越。可是，他为什么又要离开民营医院，在五十岁的年纪要去"折腾"一个具有诸多不确定性的医生集团？宋教授给出的答案是四个字——"自由执业"。

体制内的医疗拥挤让我无法忍受

和许多其他医生一样，一开始宋教授并没有自由执业的概念，他只是觉得国内的医疗体制有着非常大的问题。无论何时，诊室外总是排着冗长的队伍，病人每天都是蜂拥而至，动辄就要排一两个小时的队，而等待的往往只是短短几分钟的诊断。宋教授无法和病人充分沟通和交流，也无法充分安抚病人焦躁的心情，这让他觉得非常的难受。

"我要给患者提供最好的服务。"尽管听到很多人在很多时候谈到这个话题，但真的愿意这么坚持追求做这件事的人却少之又少。"公立医院提供的服务很难满足患者的需求，民营医院虽然在某些方面做了改进，但整体还是处在一个比较低的水平上。"宋教授说。

一个人确实很难改变医疗的现状，但总有人要先迈出第一步。最终在2013年初，宋教授走出了公立医院，开始了对自由执业之路的追求。

2015年9月，宋教授决定成立医生集团，想借此鼓励组织更多的医生出来自由执业，靠大家的力量来更快地推动医疗改革，以医生集团与合作基地互助互利的方式一起向前发展。

宋教授用这样一段话送给大家："凡愿意走向自由执业者，余将助之；凡愿意为自由执业者提供平台的私立医院，余将助之；凡愿意接纳自由执业的公立医院，余亦将助之。余之力量虽有限，但志同道合者必将众矣！"

什么是医生集团？

医生集团在很多病人眼中还很陌生。

医生集团是按照欧美国家的"Medical Group"翻译而来，其本质是医生执业的一种方式，即团体执业。两三个医生结合起来就可以团体执业，团体执业的特点是他们共享彼此的收入，共同承担损失，共享设施设备。有统计报告显示，截至 2015 年，全美已有超过 28 万个医生执业团体。

医生集团是世界上大多数发达国家和地区的医生自由执业方式。据美国医疗协会报告统计，仅有 5.6% 的美国医生直接受雇于医院，而高达 83% 的医生则加入了医生集团。

目前，我国有 20 多个医生集团，大多是体制内的，而上海现有的两个医生集团则是体制外的，冬雷脑科医生集团便是其中之一。

让行医更纯粹

医生集团的核心是自由执业。

事实上除了中国及少数几个国家以外，世界上绝大多数医生都是自由执业的一个定位。所谓自由执业并不是说不属于哪个单位，到处跑来跑去，想上哪儿就上哪儿，这不是真正的定义。

中国的医生身处一种学名为"体制内"的状态中，俗称"编制"。"编制"如此多娇，引无数英雄竞折腰。

原因很简单，编制内的医生享有某些特权和福利，虽然现在这些福利正在逐渐减少，但不被随意辞退的"铁饭碗"是工作保障，高于普通企业标准的退休福利，以及职业发展优势和便利等，还是令多数体制内医生难以割舍。

不过，编制带来的"铁饭碗"也在同时限制了医生的自由。如今在中国，除了公务员以外，只有医疗和教育、文化这几个领域仍然顽固坚持着计划经济制度，于是医生和教师就有幸或不幸地成为了"单位人"的活化石。

"医生完全应该根据他的技术和服务获取薪酬的，根据他在执业过程当中

所付出的劳动，付出的服务，付出的知识等等来获得相应的报酬。"宋教授说道，对于医生来讲，他是没有必要做事业单位的人，走自由执业的道路，才能真正体现他的价值。

医生如果是以市场为生，最关心的就是患者了。患者的认可是支撑医生能够做下去，做得好，获得比较好的收入的唯一来源。自然而然医生就会以患者为中心，要想方设法让患者满意，跟患者沟通。

不仅如此，现在在医患关系当中被大家所诟病的问题在市场的机制里面也会自然而然得到解决。宋教授说："从我的经历来讲，我到了民营医院感受就不一样，我从民营出来做自由执业感受又不一样，我们是真正必须以患者为中心的。因为这个时候我身上没有医院的光环，病人凭什么找我来看病，那就要靠我的品牌。

也许这种没有医院光环的行医才是更纯粹的行医。

这个世界上本没有路，走的人多了便有了路。

宋教授说道："我们就是在替中国所有的医生探索一条新的路，这条路现在应该是一条小路，但是慢慢会变成大路，变成一条光明的路。虽然现在有很多坑坑洼洼，有很多的艰难险阻，但是随着我们的开拓，随着越来越多的人尝试，我相信这条路会越来越平坦，最后变成医生执业的主要道路。"

互联网医疗再起风波，就诊通让看病不再难，就医更精准

> 创业十年，我觉得现在应该是才刚入门，就是明白了这件事该怎么做。
>
> ——金羽青

企业一句话介绍：

就诊通——旨在成为患者就医顾问、医生的从业助手。作为中立的第三方机构为医患双方都提供一个双向选择和沟通平台。

近几年，随着"互联网+"模式在各个领域的深入发展，互联网医疗已经逐渐走进现实并改变着市民的生活。百度官方显示，近几年，国内具有代表性的互联网医疗形式有：

以健康教育和信息为主的39健康网；以患者社区和医生信息为主的好医生；以医师评价和挂号为主的好大夫在线；以电子健康档案采集和应用为主的120ehr网；以远程云诊、全程陪诊为主的就诊通网等。

笔者有幸采访到就诊通网的创始人金羽青，了解就诊通背后的互联网医疗"创业经"。从2007年兼职开公司到现在，金羽青在医疗领域创业也差不多有十年了，然而他认为自己才刚入门："我觉得应该是刚入门，就是搞明白了这件事情应该怎么做。"

只缘身在此山中

父亲和祖父都是医生，从小在医生世家里成长起来，金羽青的理想就是做一名医生。一直以来的路都按照设想中的那般，走得平稳且顺利。高考之后选择上海第二医科大学，就这样从本科一路读到博士，金羽青在这个学校待了十一年，他也一直坚定自己会成为一名医生。

博士毕业后，金羽青在上海第九人民医院整形外科从事科研工作，成为一名医生后，他发现这个行业存在很多的灰色地带。更重要的是，这是条一眼能望到头的路——"二十几岁的时候做什么，三十几岁的时候到什么样的位置，你知道自己将会成为医院里的谁，以后走的每一步似乎都已经规定好了。"

互联网医疗的创业执念

2013年，金羽青创立了就诊通。依然延续了前两个创业项目的风格——互联网跟医疗结合，不同的是这一次金羽青选择体检作为市场的切入口。

随之而来的问题是，人们在身体好的时候，体检和付费的需求往往并不那么迫切，而且市场上的竞争对手大多都是有实体公司的，于是金羽青和他的团队逐渐摸索衍生出其他业务板块。

目前就诊通的业务主要分为远程云诊、陪同就医、定制体检、专家预约四大板块，其中远程云诊是核心业务，也是就诊通区别于其他移动医疗产品的最大特色。当地的医院受限于医疗水平和科技设备，有很多解决不了的问题，他们可以通过云端把病人的资料和数据传上来，就诊通则会负责请专家和技师进行会诊，给当地医生参考的建议。

选择在互联网医疗领域进行创业，金羽青是发挥自身所长的。在很小的时候他就开始学习计算机编程，大学时，金羽青组织成立了上海第二医科大学计算机网络协会，开始教研究生怎么上网。他始终觉得："互联网跟医疗的结合会是一个新的机会领域。"

"专业"应对发展困局

2014年，互联网医疗创业者如雨后春笋般涌现，诞生了一大批围绕着患者、医生、医院展开的创业项目，且业内投融资的规模也达到空前水平，因此，2014年被称作互联网医疗元年。

但自2015年下半年开始，处于一线的创业公司经历着资本热捧到战线收缩的转变，不少老牌平台被曝大规模裁员，一些移动医疗公司更是宣布倒闭，无论是投资人还是从业者，都感觉到了一股凛然萧瑟的寒冬气息。

而之所以造成这种局面，部分也是由于人不够专业。"所谓的互联网医疗或者说移动医疗这个领域绝大多数都是外行冲进来干的，比如说像春雨，是媒体人干的，还有就是搞IT的人冲进来的。"金羽青说，虽然这些人的优点是懂资本市场，融资能力很强，但很多人都不懂医疗行业的基本规则，而就诊通团队的核心大多数都是医疗专业出身的人，在专业上任何一件事情他们都能做到很专业，而且能够真实的贴近用户。

"因为我知道这个生长轨迹是怎样的，只是我现在没有人，没有钱，那我就小一点，有钱有人有业务了我再大一点，在整个成长过程中，我们走的弯路基本很少，团队很精干，说到底也是因为我们专业。"

踩准风口 不惑之年的任性创业

我与创业相见恨晚。

——干建君

企业一句话介绍：

车能贷——专注于汽车抵押贷款的P2P互联网金融信息服务平台。

将至不惑之年，绝大多数人的生活轨迹往往是趋于安稳。然而对于干建君而言，他离开了15年的仕途生涯，毅然决然地选择了下海创业。在时下这个年轻人创业的大浪潮里，一个年近四十的"新人"究竟会掀起怎么样的波澜？

38岁：任性创业 相见恨晚

只要是对宁波金融市场稍有了解的人便会对"车能贷"耳熟能详，这家公司去年在宁波崛起，现已有辐射华东之势。

"车能贷CEO"是干建君现在的身份，而就在这短短的几年，他的名字曾经伴随不同的企业名号出现，因为车能贷是干建君创业历程中的第三站。

干建君接受笔者的访谈时，那浑厚的男中音给人一种相当稳重的感觉，这和互联网行业与生俱来的速度与激情相映成趣。

这份沉稳大抵是干建君15年的公务员生涯所给予的。

家境良好，自身也足够努力的干建君，在创业之前的生活可以说是一帆风顺。

从工商局到招商局，几乎每个岗位都轮了一遍的他，却发现始终没有一个位置能让他永葆热情，于是他开始思考后半生该如何度过。

35岁，尴尬的年纪，然而内心不愿安逸的种子却开始生根发芽。小富即安，谈到创业，他说家人和领导反对了自己三年。

然而发自内心地"爱折腾"使他心里沉睡着的雄狮在这一刻苏醒。

三年后，38岁，他不顾一切地先办了辞职手续再告诉父母。说到这个开端，干建君越发的觉得自己与创业相见恨晚。

没有坚持过一个信仰的人，恐怕穷其一生也无法理解他的"爱折腾"吧。

怀揣50万　初尝创业甜头

结束意味着一切从头开始，辞职创业并不是他的一时冲动所致，而是他"蓄谋已久"的一场大战。

为下海做准备的两个月里，干建君没有任何收入，而且还要拿出多年的积蓄，包括爱人的资助，总共凑齐了50万原始资金。

租房子、装修、买设备……账户上的50万元，很快只剩下了5万；再加上刚入行不懂得怎么做生意，怎么拜访客户，怎么管理企业和员工——"焦虑和压力让我夜不能寐"。

开头虽艰难，但一切总算还在轨道上前行。不过，就在干建君注册公司的时候，金融危机爆发了。

"买书籍，学习网络课程，所有好的企业管理课程我全都自学完成。"干建君说，他不但自学，"还付费带员工一起参加培训"。

在他看来，这也是创业之初，在他这个年龄最靠谱的"风控"方式。

慢慢地，公司有了起色，他也拿下了搜狐焦点房产网宁波地区总代理。之

后，投资的房地产销售代理公司"在我的带领下也运营得风生水起"。

搜狐宁波站的荣耀并没有让他就此停下脚步，他享受创业，也乐于在创业过程中成长。

踩准P2P风口　　上线150天即获千万融资

2014年，干建君创立了车能贷，将自己推向了"互联网+金融"的风口浪尖。

彼时正是P2P发展最为狂热的时期。但是在浪潮褪去狂热的今天，在数千家P2P销声匿迹的今天，车能贷发展的势头却变得更加猛烈。

对于进入P2P行业，干建君说："我觉得我们国家所有的领域基本上改革开放了，唯独金融这个领域它一直都是封闭的，垄断的。就是这几年开始，金融这个领域才慢慢逐渐开放，这是非常好的机会。"

金融领域市场非常大，它不是几千亿上万亿级的，而是几十万亿甚至百万亿级别的。

干建君认为P2P网络借贷虽然属于负面舆论非常多的一个行业，但是如果好好干，是能够干出一番名堂的。

据中国社科院发布的《中国汽车社会发展报告2012-2013》预计，未来10年左右城镇居民每百户汽车拥有量将达到或接近60辆。

而汽车作为私有财产，按照《物权法》的相关规定，可以作为抵质押物进行融资变现。

随中国经济增速较快，民间金融活跃，资金需求与供给都很旺盛，只是缺少一个合适的平台予以对接。

传统的金融机构的汽车抵押借贷过程过于复杂麻烦，且周期繁长，没有标准，也没有评估，更没有风控和保全，干建君认为这既不科学，也不规律。

2014年11月5日，一个汽车抵押借款和民间小额资本撮合的P2P平台——车能贷网站平台，正式上线。

简单来说，车能贷提供金融服务信息，从而撮合借贷双方的意愿。用户在线上提出借贷需求，车能贷团队在线下进行车辆评估、风险评估、风险审核、车辆质押手续办理、签订协议，最后放款。

同时，可将通过审核并已放款的车辆质押债权作为标的放到线上，投资人根据自身的需求进行选择，标满时便开始计息。

上线仅仅5个月，车能贷就在飞马旅创业大赛中，以全国第一的成绩获得了飞马基金和伯藜创投共1200万元人民币的天使投资。

去伪存真　P2P新格局下的车能贷

谈到P2P层出不穷的负面舆论，干建君倒没有过多的担忧。他说车能贷上线的第一年，因为没有专门的理财团队及门店，在资金端这块供应非常不顺畅，收益率比不过线下的投资公司、财富公司等等。

然而随着互联网金融整顿，一大批线下的投资公司、财富公司和伪P2P不断地跑路，像车能贷这样正规合法的平台越来越受到认可。

"我们的资金供应越来越顺畅，资金收益率越来越低，线上投资用户越来越多，我觉得总的来说这一轮大浪淘沙洗盘以后，我们公司受到的正面影响远远大于负面影响。"

干建君说，"2015年是P2P规范化的元年，我相信在混沌之后，将是开天辟地的开始。"

投后估值1.5亿，六六脑创始人向华东：我们被低估了！

跳出来是要让自己不忘初心。

——向华东

企业一句话介绍：

六六脑——科学健脑，致力于前沿脑科学成果的转化，帮助人们提升脑健康和脑效率，当前主要产品是精准神经康复信息化云平台。

温文尔雅是笔者对向华东的第一印象。

向华东，南京智精灵教育科技有限公司总经理，六六脑创始人，海归脑科学博士。

追随内心：要做会让你心跳的事

向华东说，高中时代起他就爱看企业家传记。李嘉诚白手起家的故事让少年的向华东备受鼓励。

"冥冥之中觉得自己适合做这个事。"向华东所说的"这个事"就是指创业。

大学时期，向华东就创办过一个广告创意工作室，为学校周边的小商贩做广告。

投后估值1.5亿，六六脑创始人向华东：我们被低估了！

后来，向华东迷上了电脑游戏，但逐渐地向华东开始"良心发现"，意识到荒废光阴太对不起父母。于是，向华东出于兴趣开始创办网站，先后建立了淘客网，心理学和脑科学科普博客。

2006年，向华东创办的专业网站——我爱脑科学网，为专业领域人士的交流提供论坛平台。网站创建至今已有10年，逐步发展成为目前世界上最大、最具影响力的中文脑科学专业门户网站之一。

硕士毕业之后的向华东，工作一年，发现这不是想象中的生活，自己的人生价值并没有得到体现。他抓住当时申请欧洲留学的机会，去了欧洲念完硕士又念博士，一待就是六年。

向华东的导师，德国马克思普朗克研究所（相当于德国国家科学院）的一位所长，对他以及其他学生说："当你去找自己未来的工作时，一定要找那种能够让你心跳加速的职业。"

向华东犹豫了大半年时间，才鼓起勇气将毕业后想创业的想法告诉了导师，预料之外地得到了导师的支持。这么一来，向华东更是坚定了创业的决心。

依靠个人魅力吸引人才

向东华依靠其个人魅力，为他的公司吸引来了很多人才，这些个人特质包括：专业、积累、踏实等。

专业——凭借专业优势塑造品牌，能让团队成员感觉到"靠谱"、"信任"。

积累——向华东的办公室里摆放着很多书，他说自己也要不断学习成长。"我喜欢看企业家传记，也喜欢看管理学书籍。"向华东评价自己不擅长日常事务的管理，"所以我们特别需要一位好的COO来帮忙。而我在大的理念和方向上有一定积累。"

踏实——向华东说，科研出身的人，相对来说做事沉稳踏实。一定程度上会规避很多风险，容易赢得大家信任。向华东对公司的定位也很符合这一特质，"我们不会是一家突然名声大噪，大起大落的公司，我们会是走得很稳，越发展后劲越强的公司。"

向华东的团队都是专业的博士、博士后。或毕业于名校或出身国际知名研究机构。对于怎样管理这样一个强大的团队，向华东坦言，"我还从没想过我是怎么去管理这个团队。"

曾在放弃的边缘挣扎，现正朝着更高峰走去

刚博士毕业，向华东和同学在北京租了一间民房，通过互联网找了几个技术人员，凭着一腔热血创办了六六脑。但热血太容易遇到问题就冷却。"那个时候真的都快放弃了。"向华东说起从前这段经历，他形容为"刻骨铭心"。

毕业就创业，商业经验不足，管理方面一片空白，能力水平也还欠缺，情绪管控力也不够。再加上因人设岗，职位同质等铺天盖地的问题，不仅工作推行得慢，向华东和伙伴之间的关系也因意见不合越来越恶化，"如果朋友都做不成，我们到底在图什么？"

向华东无法忍受的是更甚于身体劳累的心灵创伤，提出放弃退出，但朋友拦住他："你是最早的发起人，你走了公司就没了。"他留下了，朋友离开了。

孤苦伶仃的向华东带着六六脑来到了南京，南京当时有优厚的政策对待优秀的创业项目。向华东拿到了 100 万启动资金，更有了属于六六脑的办公室。从此，六六脑和向华东在南京徐庄软件园安了家。

据悉，2015 年 3 月完成数百万美元 A 轮融资后，六六脑估值为 1.5 亿，对于这一数值，向华东也直言："我们觉得自己被低估了。目前这个阶段投资人进入是非常划算的。"

  向华东平时会做冥想、瑜伽，让自己暂时跳出"劳累的圈子"。"跳出来是为了让自己不忘初心。"向华东这样说道，"在一个压力状态下久了，变成了为创业而创业，最后你会变得自己都不认识自己，或者公司发展成了你不希望的方向。能够推动事情往前走的，一定是你内心深处那些源源不断的动力。如果最后沦为一个功利性的，或者只是机械性的东西，到一定时间它会断掉。"

心如棱镜，专注征信，十年磨一剑的英雄梦

> 对于中国的征信行业，未来两到三年是非常重要的分水岭。
>
> ——赵杰

企业一句话介绍：

棱镜征信——专业级企业数据服务商。致力于为政府、园区、金融机构、类金融机构、企业等用户提供完整的信用管理解决方案。

全球性的权威服务机构毕马威，首次发布中国金融科技 50 强榜单。棱镜征信榜上有名。

赵杰坦然表示对于这次评选上榜，他们既吃惊，也很骄傲。棱镜征信处于发展期，与蚂蚁金服等鼎鼎大名的企业共同名列其中。"可能毕马威这次评选的目的是为鼓励创新，给予真正有梦想有情怀，脚踏实地想做实事的企业一份荣誉以激励这些企业发展。"

十年砺剑展锋芒，"改变中国"的英雄梦

1997 年赵杰从法国国立 ENPC 大学毕业，之后便进入到国际著名信用管理公司邓白氏，为客户做咨询、建模等业务。

一次机会猎头找到他，英特尔公司招人，经过前后四五个月的面试期，最终赵杰被录取。但也就在这期间，霍尼韦尔也通过猎头联系到他，想聘请他专门负责大中华区信用管理。这样一来，赵杰就面临选择，到底去哪一家？

"当时是2000年初，IT业多火啊！英特尔公司品牌各方面都做得很不错，员工待遇也很好。"虽然如此，赵杰却认为，这样成熟的企业没有太大挑战性，"因为他太牛了。"

而霍尼韦尔作为全球500强公司，产品线广，销售模式多元化。"同为很厉害的公司，但我觉得它会有更大的挑战性。"谨慎比较后，赵杰进入了霍尼韦尔。

将近十年，换公司不换工作，赵杰一直坚持在征信行业积攒着经验。2005年，赵杰和朋友一合计，"既然我们选择征信作为一生的职业，就有必要出来做点事，做可以帮助社会体系完善发展的事。"

于是赵杰创立了自己的公司——上海斯睿德信息技术有限公司。

创新，可持续发展的源泉

多年来人脉的积累，赵杰在业内也算小有名气，很多人都知道，赵杰算是行业内资深的风控人员。

凭借着一定的市场号召力，创业第一年，赵杰的公司便可以自负盈亏了。人手不断增加，业务不断拓展，品牌也不断打响。

赵杰回忆，当初做国内某知名企业项目时，有六家公司竞争。在这家企业将要签订合同之际，斯睿德才接触到这一项目，向对方展示了自家的产品和计划。对方听完，说："就选你们了。"周五谈妥，周末商谈条款，周一，合同就签下来了。

斯睿德凭着自身团队的专业性，对客户负责的态度，更凭着自己的产品快

速赢得了市场。

"创新是我们除了坚持以外的第二个优势。"

棱镜征信平台的诞生，是中国征信业发展的又一丰碑。

赵杰和团队一直在探索业务模式创新、产品创新、技术创新。目前推出的棱镜征信拥有国内唯一的棱镜数据终端，解决了传统征信不能满足的几个重大瓶颈问题，并且基本保持每周更新迭代。

传统征信报告基本是手工制作，做一份报告大致需要七个工作日，并且价格昂贵。而棱镜征信平台上的报告都是实时在线获取，一份报告仅需十几元甚至是个位数。

在用户习惯方面，传统征信查阅一份付一份费用，而通过棱镜征信平台，客户只需交固定费用，即可随意查阅，用的越多还能越省钱，这在业务模式上是很大的突破。

"与那么多大公司合作，也有可观的利润空间，这么一看我们做得还不错，但我们似乎逐渐变成做项目软件的公司，这不是我们想要的方向。"赵杰说，"我们要谋求业务转型，做可持续发展的公司。像巴菲特所说，最好的业务是在一座桥上建一个收费站，来一辆车收一次费，我就负责把桥搭好。"

"真情动人"的生存之道

现在赵杰组建出的团队，包括有500强公司出来的负责中国区的GP，也有知名股份制银行里出来的风控总监，还有国外回来的博士后。这么多的高端人才怎样凝聚起来？

"既然拼不起硬件，我们只能以情动人。"赵杰所谓的以情动人，不是矫揉造作，而是真情。"坦诚地告诉别人我们现在做什么，我们想做什么，他加入我们能发挥怎样的作用。"

赵杰每两个月会组织一次高管间的"头脑风暴"。所有人聚在一起,关起门来,没收手机。两天两夜,大家不断讨论不断产生一些新奇的想法。除此之外,"一定是要大喝一场一醉方休。"

赵杰说:"对于中国的征信行业,未来两到三年是非常重要的分水岭。"

推崇公司小而精的模式,少数的人创造大价值。"我们不缺钱,也就不用上市。通过其他渠道我照样能解决融资和背书问题,不上市照样可以做成伟大的公司。"上市可能会是棱镜征信的选择,但不会是唯一的选择。

起于边缘　成就伟大

一家创新公司诞生，往往都是从边缘领域切入，方有机会成就一个伟大的品牌。

——张睿

企业一句话介绍：

最会游——中国最大的社交化目的地服务平台，为满足旅行用户的个性化需求提供全面的海外目的地消费服务。

张睿，上海荟行网络科技有限公司创始人兼 CEO，同时也是中国最大的社交化海外目的地服务平台——最会游 Triploc 的创始人。

这是一个思维逻辑极其活跃的创始人，跟着他的思路，你似乎能看到在他的大脑里，种着一颗枝繁叶茂的大树，那些奇思妙想就如同繁星一般，遍布于枝叶之间。

大学时候，张睿的学习成绩较为普通。但和那些死磕读书的学霸相比，张睿无疑是班级中的"异类"。相比学霸，他是班级里的灵活分子；相比灵活分子，他是班级里的勇敢者；相比勇敢者，他又是班级里出名的想象大师；相比想象大师，他又具有无比执着的较真劲儿。

"当时，我们的老师和同学都一致认为我很执着，说不好听点，就是偏执狂，一个异想天开的偏执狂！"谈及早年时期的学校往事，张睿自己不由得大笑起来。

或许正是因为这些没有被磨灭的特质,让张睿得以保持一种对新鲜事物的高度好奇。

偏执狂人

早在 5 年前,最会游 Triploc 的创业点子尚未出现之前,张睿曾有过一段短暂的创业经历。当时,26 岁的张睿在北京成立一家基于健康饮食解决方案的网络订餐平台"优活家",虽然最终失败,但他很欣喜的看到当下网络订餐的崛起和类"优活家"模式的创立。

"在创业领域中,idea 其实是一种很廉价的东西。"谈及过往这段创业插曲,张睿毫不避讳自己在那个年代中的冲动与稚嫩。

"当一个创业者心中始终存有焦虑、担心等负面情绪时,这或许就是一种潜在的不认可暗示。"张睿回忆说,创业初期自己总是担心。天天焦虑,天天担心,最后的结果:仅仅一年,这家小小的网络订餐平台便宣告关门大吉。

他真实的感受到一种从未有过的人生经历——创业失败带来的挫败感。"现在也会焦虑,但相比之前坠入深渊的迷茫和彷徨,现在的焦虑我完全能掌控。"

如果前一次创业的焦虑指数为 7~8 分(总数值为 10 分),张睿说,估计现在的焦虑指数则只在 3~4 分。这一番来源于真实经历的感触,无疑为张睿创立"最会游 Triploc",增添了更多的安全系数和成功概率。

边缘业务起家创业

还未创办最会游 Triploc 之前,张睿曾在春秋国际旅游任职多年,负责公

司电商业务，主要销售一些传统产品，如机票、酒店、跟团游等。

在工作的过程中，得益于敏锐的商业嗅觉，张睿认为用户的很多需求和痛点，其实并没有被这些传统的旅行社、OTA所解决。之后，他开始思考，如果自己创业的话，该如何去解决这些客户的问题和痛点？

"在大公司，财务状况、人力资源配置等限制了公司的业务，他们无法满足某些客户的边缘化或个性化的需求。"哪怕这些边缘化的业务未来六年可能成为主流，但对大公司而言其实很难做出决策，因为根本无暇顾及。

大公司看不上的边缘性业务，或许就是张睿一直正在寻寻觅觅的未来主流商机。

"其实，你会发现，所有大公司最后的衰败都跟它们轻视自己的边缘业务有关。"张睿跟笔者分享了他对"边缘业务"的看法和认知，在他看来，任何一个创新公司的诞生，其实都是从边缘化的领域进入。

90年代初期，个人电脑刚开始流行的时候，IBM堪称当之无愧的个人电脑硬件霸主。但在IBM眼中，专做边缘软件业务的微软公司，毫不起眼。谁都没想到，未来这家小公司却能成为全球最大的IT企业。

苹果的崛起也有异曲同工之处。在诺基亚手机最巅峰的时候，尚处于边缘业务的苹果智能手机，并没激发诺基亚的危机感。放任边缘业务发展的最终后果，则是诺基亚的轰然倒塌。

张睿把自己这种敏锐的感觉当做创业的第一层要素，"当我有了这第一层感觉之后，就需要考虑第二层创业要素——提供解决方案，即采用什么样的模式去处理和解决这些用户的问题和痛点。"

在这两层思考之后，张睿最终在合适的时间，做出了创业的决定——最会游，由此诞生。

旅游红海边缘诞生的最会游Triploc

在张睿的眼中,最会游恰巧就是大旅游红海边的一小丛边缘业务,小众,不起眼,甚至一度不被看好。

"我的创业动力,着眼于未来国内潜在新增的 1.3 亿本护照。"张睿看好最会游 Triploc 平台,及其背后的旅游市场的依据,来源于两大数据支持及整体的行业局势。

两大数据支持中,除了上诉这 1.3 亿本尚未激活的护照人群,以及 1.3 亿人背后的数亿元跨境旅游消费规模之外,另一数据支持,则来源于国内日益增长的人均可支配收入数据的增长趋势。

以上海为例,十年之前,2005 年人均可支配收入为 18645 元,到 2015 年的人均可支配收入上涨至 52962 元,包括广东、温州、浙江等沿海城市人均收入水平上涨幅度均呈现出不同程度的快速上涨。

无论是规模还是速度,收入数字的上涨,无疑都激发起民众潜在的娱乐消费需求。旅游,成为最大的消费需求之一。

张睿闲暇时候的一大爱好,便是对着国内外的各种数据进行分析和研究。在他看来,国内很多行业领域的发展曲线,可以参考西方发达国家。旅游领域,也是如此。

"中国现在人均 GDP 在 6000~7000 美金,还没有达到美国 80 年代的万元户水平。但是,我们也能看到另一个苗头:国内十个省市城市的人均 GDP 已经超过一万美金,这就是我们的未来。"说到这里,张睿语言中出现一阵难掩的兴奋。

"我们不能等到这个行业开始爆发了,再插入其中。当其他公司发现,跨

境消费这个领域非常有潜力的时候，我希望其他人能看到，一家叫做'最会游 Triploc'的公司已经做得初具规模了。"按照张睿的逻辑，市场越成熟，越没有创业机会。2018—2022年将会是跨境消费人口红利期，现在就是要为未来做好准备。唯有在乱局中，才能萌生创业的各种机会。

"当大家都觉得你所说好像是一个天方夜谭故事的时候，说不准，创业机会就在其中。"遵循着这种逆向思维的方式，张睿其实一直都在给自己制造各种创业机会或者试水创业的练手机会。

当创业者遇到90后,"骑"乐无穷

> 希望更多人去骑行,因为在骑行过程中你能感受到一种真正的自由。
>
> ——聂梦松

企业一句话介绍:

马蹄铁——旨在运用创新设计、智能科技、商业模式的整合,通过创新产品的研发和马蹄骑行系统的构建,为用户创造最简单的智能骑行体验。

"90后"、"创业者",这两个词在过去的两年中几乎被无限次地拼凑在了一起。聂梦松就是这90后创业大军中的优秀一员。

采访当日正巧是聂梦松从北京来到上海办事。初次见面,略带稚气的脸庞以及青涩的声线,一时间让笔者没有反应过来,眼前这位大男孩竟已是一位初露锋芒的创始人。

来自北京邮电大学的骑行爱好者聂梦松和志同道合的伙伴们研制了一套科技含量十足的骑车装备,以骑行软件加配件化智能硬件的方案为骑行带来不同的体验。产品包括马蹄支架、马蹄按键、马蹄码表以及马蹄踏频等。他们以此为项目,起名"马蹄铁"开始创业。

创造，为了自己的热爱

聂梦松出生在四川成都，2010年考入北京邮电大学自动化专业，从此便在创新发明上崭露头角。他和伙伴们开发的"管道机器人"曾经拿下了"2013中国机器人大赛——创意设计大赛"的特等奖。

而在生活中，聂梦松是个不折不扣的骑行发烧友。"之所以喜欢骑行，是因为和跑步相比，骑行能在相同的时间内，用相同的体量到达更远的地方，经历的风景也更多。"聂梦松说，"一天晚上一时兴起，我一个人骑着车从北京一直骑到北戴河，骑了整整400多公里。"

出于对骑行的热爱，聂梦松迫切希望能进一步提升车子的性能，便萌生通过智能化设备使车变的更加智能的想法。聂梦松回忆道："有一次在外骑行，因为想接一个电话，急忙在口袋里摸手机从而导致翻车，最后不但没能接上电话，还摔坏了手机。"

于是聂梦松和室友便开始着手研发起了智能化骑行设备，为了做出产品，两个人窝在只有几平米的宿舍里，不分白天黑夜做模型结构、写程序电路。聂梦松说："当时投入到甚至连自己的毕业典礼都没能顾得上参加，这也一直成为了一个遗憾。"

马蹄铁的故事

谈起为何将创业项目命名为"马蹄铁"，聂梦松说，"铁是坚硬的象征，马蹄意味着在路上。这是希望团队在这个日益智能化的时代里能够脚踏实地，稳步向前。"

不仅如此，关于马蹄铁还有这样一个故事。

1485年，查理三世统治下的英格兰，与蓝加斯特家族对垒的波斯沃斯战役，战争来袭，兵临城下。策长鞭、挥长剑，英武的查理三世即将胜利之际，却因所驾战马的突然倒下而痛失江山。

究其原因，只是因为马夫少钉了一个马蹄铁钉。在决定国家命运的战役中，一枚小小的铁钉的缺失，一顶王冠便一夜易主。

为创业不惜辍学，为梦想全力以赴

聂梦松的父母都是四川理工科大学教师，在他们的设想中，儿子毕业后应该进入一家互联网公司或者类似的企业，拿着六七十万的年薪，过着安稳的生活。然而这并不是聂梦松想要的。"我觉得自己有一个想法，能够把它从无到有去实现出来，并且给这个世界能带来点改变的话，所带来的成就感是别的方式比不了的。"聂梦松说。

"于是我选择了创业，我觉得创业是件非常严肃的事情，一个人没法同时兼任创业与学业这两件事，这也是对团队和股东的责任。"聂梦松笑道，"于是我就正式退学，全力投入创业，读书以后还有机会，但梦想摆在面前，不能错失。"

家人不支持，聂梦松就靠着平日里炒股赚的一点钱以及学校的帮助扶持，顶着压力去做，在他看来，创业一定不会一帆风顺，创业本身就是一个不断试错的过程。

2014年8月，北京马蹄铁科技有限公司正式成立。2015年初，产品第一次登陆了互联网众筹。"众筹的第一天特别激动，我们的产品几分钟就过了一万，真的特别激动。"聂梦松强调说，"那一天，我们几个人，就不停的刷新，刷新刷新一直刷新，整个团队都特别兴奋，觉得自己做的一款产品终于要

面世了。"

结果产品大受欢迎，一个月的众筹期卖出了 2000 多套产品，一共收入 20 万元，"这是我们创业挣得的第一桶金，虽然不多但我们非常骄傲和珍惜。"聂梦松说。

然而，在今年年初，聂梦松和他的团队遇到了公司成立以来最大的危机。"当时差点死掉，因为我们去年做 C 端业务，把一年产品卖给用户，但是发现渠道开拓成本太大，基本上你卖出一台设备获得的利润没法支付他的营销成本或者渠道成本，公司现金流就出了问题。甚至有三个月我们出现断粮，没有收入。"聂梦松说道。

这种情况下，聂梦松不得不带着团队转型，公司从 C 端转到 B 端，从做用户数量变成做服务。

"在此期间，团队也不得不做精减和优化，当时从 25 个人缩减到 8 个人，为了弥补人数的缺失，留下每个人都是以三到四倍的效率去工作。"聂梦松说，"甚至在团队最艰难的时候，成立了一支敢死队，大家相当于没有任何收入，然后转型也在一个比较模糊和不理解的时期，大家都摸着石头过河，不停探索着一些东西，团队就这么一路走过来。"

3 个月之后，马蹄铁转到 B 端，并陆续和很多合作伙伴建立了联系，讲到这里，聂梦松不自觉提高了嗓音，"现在我们行业里面 B 端这块做的算最好的，上海的永久就是我们的服务对象和合作伙伴。"

在聂梦松的构想中，未来是个全面智能化的世界，任何东西都会像互联网一样互联互通，未来必将会是物联网的未来。而他的目标就是将智能化配件布局到整个自行车运动系统中，打造一个快乐骑行的生态圈。

"希望更多人去骑行，因为在骑行过程中你能感受到一种真正的自由。"聂梦松说。

电子竞技，这是最好的时代

> 希望以后的孩子们如果想从事电竞行业，有正规的渠道可以进入，也能向社会有正面的回馈。
>
> ——祁斐

企业一句话介绍：

麦克斯电竞——专注于打造电竞行业、游戏行业、娱乐行业的资源综合运营平台。

电子竞技，一个逐渐被人所熟知的名词。从最开始的游戏厅，街机，红白机，到后来电脑的普及，CS，星际，WAR3，等一系列游戏的出现，整整承载了一代人的回忆与青春。

笔者今天要讲述的是一个年轻人与电竞的故事，如果按照多数家长眼中的评判标准，电竞往往是不务正业的代名词。但是他的故事可以代表太多为了电竞而一直付出的电竞人，也许很多人并不为人所知，但就是许许多多这样充满热情和干劲的人，才推动了中国电竞从最初的萌芽一直发展到了现在的黄金时代。

一走进采访地点，笔者的眼睛就被一个个精美的手办和炫酷的顶灯所吸引。在工作人员的指引下，进入走廊深处的一间办公室，推开门便看到了今天故事的主角——隆麟Maxer麦克斯电竞创始人祁斐。

来之不易的职业电竞之路

高大精干，一身休闲装扮的他加上一顶潮流范的鸭舌帽，本应与办公室格调格格不入的装扮，但在这里却没给人任何违和感。

和很多职业选手一样，祁斐童年时期就发现了自己对游戏的热爱。"最初开始接触游戏是在我小学的时候。"祁斐说道，"那时受哥哥的影响玩了些游戏，发现自己在这方面颇具一些天赋。"

初三那会儿，祁斐开始专注于 CS（反恐精英），一直跟着大学生一起训练打线上的比赛。但是由于年纪的原因，祁斐发现这个项目他无法成为职业选手，因为没有身份证无法参加正式的线下比赛，但也从此留下了当选手的梦想。

"那时父母总是说我不务正业，中国社会之所以家长反对子女玩游戏，主要是因为怕他们考不上大学。于是我就努力学习，最后顺利进入了大学。考上大学后，天高皇帝远，我就拥有了更多的自由可以做自己喜欢的事了"。祁斐笑着说道。

读大一时祁斐开始接触 Dota（游戏分为两个阵营，玩家需要操作英雄，通过摧毁对方遗迹建筑来获取最终胜利。这种多人在线竞技模式后来被称为"Dota 类游戏"，为之后的多个竞技类游戏产生了深远的影响），也加入到了一个好的线上战队，成为了国内最早一批 Dota 职业选手，并且取得了不少优异的成绩。

"终于有一天有老板到职业俱乐部邀请我的时候，我基本没有思考就同意了，一个飞机直接就去了上海。"祁斐说道，"当时我和父母说要去网吧包夜玩几天，但其实是问朋友借了点钱买了机票飞往了上海。后来母亲打电话问要不要回家洗个澡,却得知我在上海,气得他们哑口无言。"

亲手推动电竞纳入大学专业这块里程碑

作为同时代国内电竞的元老级人物,祁斐退役后选择走上创业道路,创建的麦克斯电竞如今在业界已是一家知名公司,主营游戏电商和经纪业务。在公司有一面贴着签约选手的照片墙,在上面,笔者惊讶地发现了多个在各自游戏领域中殿堂级的选手,可谓星光熠熠。

2016年9月6日,"电子竞技运动与管理"正式纳入教育部职业教育与成人教育司发布的《普通高等学校高等职业教育(专科)专业目录》。

对于这样一个里程碑式的事件,祁斐有着相当的发言权。

"我深入参与到了这件事的推动当中。"祁斐说道,"那会儿我们和湖南体育局下的一家公司做了很多深入合作,举办了不少比赛,逐渐就和当地的政府、教育局走的比较近。也是他们首先提出要申报电竞类的专业。得知这个消息后,我很兴奋,因为对于国内的电子竞技从业人员而言,并没有一个专门的输出通道,能像别的传统专业一样在学校里上课,从而实习上班。"

祁斐认为,如果要申报电竞的相关专业,最大的一个人才输出口不是选手,中国的电竞俱乐部能吸纳的选手毕竟有限,更何况不是人人都拥有这个天赋,就像歌星和体育运动员。"我们一定要从电竞行业的从业人员入手来做。"祁斐说。

于是祁斐配合着当地大专院线的领导和老师,办讲座,做教材,经过多次深入的讨论研究,最终将资料提交了上去,从而成就了这件事。

祁斐说:"无论是歌唱、演艺,还是体育、电竞,在任何一个行业里面想成功都得付出艰辛的努力,以及刻苦的学习,只是学习的内容不同而已。我们作为行业的拓展者,快速地发展电竞的行业通道和结构,希望以后的孩子们如

果想从事这个行业，有正规的渠道可以进入，也能向社会有正面的回馈。"

这是最坏的时代，也是最好的时代

在几年前，国内电子竞技行业发展还不成熟。虽然中国体育总局早在2003年就将电子竞技列为体育项目之一，但社会主流依然认为打游戏是一件难登大雅之堂、不务正业的事情。

而近几年来，电竞行业市场规模呈井喷式增长，电竞用户数量也呈爆发式增加。随着我国与国际电竞市场的逐步接轨以及电竞人群的不断年轻化，电竞市场的未来前景和用户价值非常可观。

电竞人群大多为年轻人，数量庞大，有很高的消费能力与意愿，是未来消费人群的主角。随着网络科技的不断发展，电子竞技也越来越被人们所接受所认知，从事于电子竞技或与其相关的产业的人数也在不断增加，电子竞技产业已成为前景光明的新兴产业。

对大部分学生来说，电竞游戏只是生活中的一个爱好，很少有人把它与今后的个人发展结合起来。祁斐用个人的经历告诉大家，电竞同样可以作为一项事业，而目前电竞业得到前所未有的关注，或许预示着它的黄金时期正在到来。

一位80后妈妈的创业经

> 女性创业不是那么简单的，我们每走一步都是创新。
>
> ——郅慧

企业一句话介绍：

DaDaABC——是一家专注于为5-16岁的青少儿提供在线欧美外教一对一课程的平台，其核心学员年龄在6-12岁。

由儿子的英语教育引发的创业思考

DaDaABC哒哒英语的创始人郅慧是一位80后妈妈。彼时她的儿子正面临幼儿园升小学的英文面试。此前两年多的时间里，儿子一直在线下辅导班学习英文，然而效果并不明显。她心里很着急，一直在想有什么更好的方法可以锻炼儿子的英文输出能力，为此她还请了外教来家里进行一对一的家教辅导，然而似乎仍没有起效。

"连我自己也变成了助教，因为小孩有些内容不一定能听懂，因此我还需要跟外教沟通每天的课程内容，老师也经常请假不来，这些都让我觉得非常累。"郅慧说道。

偶然的机会，她接触到了一些线上的成人英语教育培训机构，如51 Talk、91外教等。在亲自体验过后，她倒没觉得这有多适合成人的英语教学，反而

觉得，这太适合小朋友了！在她看来，这正是儿子当时所需要的——线上教育非常适合训练小朋友高强度的英语学习和输出能力。

可是诸如 51、沪江等在线英语教育培训机构，其中很多设置，包括课程设置、老师的教学方法设置和用户体验都是为成人定制的，没有为小朋友量身定制。在进行了一番市场调查之后，郅慧发现市场上也没有针对小孩的互联网在线英语教育平台，她和几位联合创始人聊了一下，大家一拍即合，于是就有了 DaDaABC 哒哒英语。

女性创业不是简单的"who can who up"

创业前的郅慧有着丰富的工作履历。大学主修营销专业、辅修新闻专业的她在毕业后去了公关公司，服务对象是资生堂等知名化妆品，工作了五六年后到了世纪佳缘里，职位是华东区的市场公关总监，也负责上海地区的销售。

巧的是公关公司和世纪佳缘里的老板都是女性，这对她的触动很大："我之所以想要自己创业，也是因为看到女性在职场上的优秀表现，让我觉得原来女孩子也可以做很厉害的事。"

虽然自己在创业的路上风生水起，身边很多女性朋友也想要创业，但郅慧认为，创业并不是每个人都能做的事，尤其是女性，在创业方面需要特别谨慎，三思而后行。

"女性在创业时会比男性遇到更多的阻力，其中痛苦和困难是远远超乎想象的，不是说所有的女生都适合创业，要考虑清楚。"

就郅慧个人而言，她自诩是一个"爱折腾的人"，辛苦的工作非但没有让她感到高压，相反她非常享受这种状态。她感觉自己非常适合创业，一是自己会有一些创造性的想法，二是执行力也比较强，另外家里人也很支持她的一切决定。

每走一步都是创新

在哒哒英语的创业史中，最艰难的部分就是"开篇"。几乎没有任何可以遵循的轨迹和参考的经验，即使有一些在线的成人教育培训机构，但是整个服务流程和产品的设计是完全不一样的。

"我们所走的每一步，都是开创一个全新的领域。"郅慧说，"这是一个最大的考验，每做一个决定，而且要把它执行下去，就不能朝令夕改，制定的流程和设置的课程都需要确保能长时间使用。"

哒哒英语的五位联合创始人都是年轻的父母，在产品设计方面，他们有时会跳出公司管理者的角度，站在一个家长的角度去考虑，去进行用户体验，郅慧认为，这一点是非常重要的。"现在有很多在线教育机构，看上去差距不大，其实内在核心和产品的设计逻辑，是完全不一样的。因为我们是家长，所以我们更了解家长想要什么。"因此哒哒英语的产品设计是完全根据小朋友的学习路线，以及家长带领小孩学习的习惯来设置的。

互联网教育的蓝海

从2014年初伊始，教育行业备受市场关注。根据百度教育发布的报告，2015年互联网教育的市场规模已达到1610亿元，同比增长32%，预计至2017年，互联网教育的市场规模将达到2800亿元，这是一个巨大的市场。

在线英语教育作为互联网教育的主要发展模式，其最突出的特点就是学生主动性强，学生与教学者互动程度较好，反馈较好，更容易激发学生的积极性。但存在学习非考试刚需，变现不易等问题。同时，其教研投入力度相对较

小，进入壁垒并不高。

利用互联网的特性进行在线英语教育，较为成功的是 51 Talk。作为在美国纽交所成功上市的第一家 2C 交互性互联网教育企业，其成功上市标志着市场对这种模式的认可。

与之类似的，DaDaABC 的老师也全部来源于母语为英语的国家，包括美国、加拿大、英国、澳大利亚、新西兰等。DaDaABC 成立于 2013 年，是为 5-16 岁青少儿提供在线欧美外教一对一课程的平台，其核心学员年龄在 6-12 岁。目前已拥有在读付费学员数万人，注册学员数十万。

据官方数据显示，DaDaABC 的学员人均付费 2 万元左右，平均单次购买课程的年限为一年，每周持续活跃上课成员近 98%，完课率近 100%，续费率 95%，60% 的学员是来自家长推荐。

DaDaABC 在不久前完成数亿元的 B 轮融资，投资方为涌铧投资。在 B 轮投资之前，DaDaABC 还曾获得青松基金的天使投资、龙腾资本与飞马基金的 A 轮投资。

虽然互联网教育模式日渐清晰，但也存在变现能力不足、发展进程不如预期等问题。目前在线教育仍处于发展初期，对于 DaDaABC 哒哒英语来说，一切也只是刚刚开始。

郅慧表示深耕教研、教学和技术是致胜的法宝。从第三季度开始，DaDaABC 将持续加大老师培训与教学教研方面的投入，未来计划在教研、技术、老师培训管理方面的投入将占到总投入的 70% 以上。

创业应该是让生活更美好

> 创业的出发点是让人觉得生活更美好，但终归它只是生活中的一件事情，还是要多出去玩。
>
> ——李博

企业一句话介绍：

嘿店——服务于独立、个性化品牌，为这些品牌提供建站支持、企业级服务。

第一次见到李博的时候，作为一名理工男，李博跟笔者印象中的理工男完全没有任何重叠的地方，相反他很开朗、健谈、幽默风趣。李博在美国伊利诺伊大学攻读硕士，专业是数据格式化。"我是在美国大数据和中国的数据风潮起来之前学的，当时开设这门课程的学校比较少，只有MIT、哈佛和我们学校。"说到这里他有几分自豪。

年轻就是要折腾

沿着一直以来的轨迹也可以过得很好。毕业后李博曾在洛克希德马丁，Sears、Bayer等公司担任资深数据展示顾问工作，回国前的最后一个工作地点是美国政府，在美国的社会安全办公室帮助分析残疾人补助系统。

"如果一直在美国待下去应该是一个很顺风顺水的状态，但是因为我还太

年轻了，差不多能看到十年后的自己，非常的无聊。"李博说，自己还没到那个境界可以去享受无聊平静的乡村生活的方式，还是想要看得更多一些，想要看看中国发展得怎么样。

彼时 2010 年，国内的互联网已经发展得不错，微博正盛，微信刚兴起，中国的互联网呈现一片欣欣向荣的状态。李博选择在这个时候回国，去做一些"年轻人该做的事"。

作为一个"海龟"，美国带给他的最大的收获并不是什么高学历或者是履历上面漂亮的工作经历，而是一段很好的人生体验。2010 年的那个夏天，大多数留学生都回家过暑假了，李博没有回家，留在美国自己"捣腾"了一个创业项目。

"那个项目只有两个客户，我主要是负责技术生产这一块，给他们提供数据格式化展示的一个定制化的系统。"他说，一直到后来也只有两三个客户，而且很难去推广，当时他对于大的数据库的处理能力也并没有那么强。

但是这不妨碍这段"小创业"在他心里成为一段好玩的、有趣的经历："相比其他留学生可以更快融入到美国当地的工作和生活，可以去看到美国商业层面的一些东西。"另一方面，美国的创新创业氛围确实很浓厚，思想很开放多元，对于李博来说，也培养了他独立思考的习惯，促成了他思想上的转变和进步。

"黑"创业合伙人

在李博的人生创业之路上，有一位至关重要的人，就是他的"好基友"丁鑫栋。然后在接受笔者采访的过程中，他很好地把握了一切机会，趁小伙伴不在的时候将"黑"贯彻到底。他们的结识是因为共同好友，在李博去了美国之后，丁鑫栋也去了法国巴黎高科攻读运筹学硕士。

丁鑫栋经常接一些美国公司的外包项目，常去美国玩。彼时李博在新泽西工作，准备搬家到纽约，丁鑫栋出现在他搬家的那天，一路上他们聊了很多关于创业的想法，从工具到产品，从技术到运营，发现了对方的"美"。"他是一个话很少但逻辑很缜密的人，像乔布斯一样一年只穿两三套衣服，戴个隐形眼镜，现在31岁了看上去像19、20岁的高中生一样，感觉是个比较爱美或者是对生活品质有要求的Geek。"李博这样形容丁鑫栋。

2013年，丁鑫栋还在法国工作，李博已经回到了国内。丁鑫栋从法国回来度假，他们一块在北京的一间酒吧里喝酒聊天。聊着聊着他们就想去做一个类似于高端版的大众点评，觉得这个方向还可以去试一试。聊完后第二天，丁鑫栋已经买了机票从上海回巴黎，结果他没有走，没有回去。李博说，"当时印象比较深的是，这是一个说不走就不走的人，因为很多人在创业的时候会犹豫，而犹豫恰恰是创业中的一个大忌。"我们常说要有"说走就走的勇气"，然而你敢说不走就不走吗？

创业在爱情中萌芽

2014年，丁鑫栋准备结婚了。为了表达他和他太太之间的真情实感，他们设计了一个H5页面作为婚礼邀请函，把他和太太之间的相遇相识和爱情故事放到了这个页面里。结果在朋友圈遭到疯转。

"大家都非常喜欢这个东西，纷纷自发进行传播。"李博在这里看到商机，随后他们开始验证产品的可行性和分析市场，发现身边的朋友都有需求。因此八音盒的诞生，其实是源于联合创始人的爱情。

一直以来，八音盒的场景基本都跟情感有关，比如说爱人之间的故事、宝宝的百日故事、旅行的故事等比较偏向文艺的风格，并不会去做任何跟企业端有关的诸如会议邀请函这样的东西。在淘宝销售里面达到300元每单的客单

价，但销量一直保持得很好，大家都很喜欢。

从八音盒到"嘿"店

在八音盒达到一定的销量和成绩之后，李博跳了出来。"虽然这个项目可以赚钱，但因为是第一个项目，也并没有想过商业模式、商业布局和之后的事情，而且确实它的使用频次可能不会很高。"他说，结合消费升级的趋势以及今年比较火的VR，还是应该去做一些商业模式更高级，更先进的服务，不再只限于单页式的传播。

从2016年4月开始，李博和他的团队打造了"嘿"店这一平台，服务于独立、个性化的品牌。"嘿"店可以为它们提供技术支持，简单来讲，就是帮一个用户做了所有开店的事情，还是企业级服务。只不过这次的企业级服务是基于时代消费升级趋势的背景下，跟时尚、个性、独特等众多元素相结合，定位于去中性化的电商服务。

"我们可以算是一帮比较浮躁的，但是又有一些想法的年轻人，就觉得是可以用技术和产品去改变世界的人，但也不是很踏实。"李博说，自己和创始人都比较年轻，并没有想一定要把公司打造成像马云领导的阿里集团那样一个超级巨头。

李博说，他个人比较爱玩，比较懒，还喜欢"撩妹"。但是创业和生活之间本就需要找到平衡的点，创业的出发点是让人觉得生活更美好，但终归它只是生活中的一件事情，还是要多出去玩。

一位资深媒体人的转型创业神话

> 即便自媒体盛行，但高品质内核的媒体，依然具有强大爆发力！
>
> ——赵奕

企业一句话介绍：

Auto lab 汽车实验室——汽车科技领域第一媒体，我们生产最好的汽车内容产品。

比原定约定时间整整晚了一个多小时，赵奕才快步迈入约定的访谈地点。原本就身形较瘦的他，一身黑衣、深色长裤和跑鞋，衬得整个人更为削瘦、干练。

媒体人出身的赵奕，曾是国内某知名财经杂志的主笔。深谙企业经营之道的他，离开媒体后自行创办了 Auto lab（汽车实验室）平台。

作为一个专注于新能源、车联网、后市场、汽车电商、创业投资产业的传播与服务平台，Autolab 从 2013 年 4 月成立至今，已经拥有 50 万的活跃粉丝社群，6000 余位行业智囊，每月超过 20 万字原创资讯及行业干货，日均浏览量达百万次。

"我们预计，因为移动互联网的变化发展，我们的商业模式还会再变形。在现阶段，我们跟其他同质平台所能竞争的，无非就是能不能在比较短的时间内，找到一个可能在未来真正意义上的一个 Plus。"赵奕说。

如果再给我一次机会，选择依旧

"如果你再给我一次创业的机会，即便只有两个人一起打拼，我肯定还是会做出当年相同的选择。"谈及创业至今最大的感受，赵奕思考片刻之后，给出一个坚定的答案。

这两年半的创业时期，对赵奕而言，更像是一次个人修炼。当然，这一"修炼"过程充满了忙碌、紧张，也充实到了极致，甚至极限。"最开始阶段，忙碌的时候，我可能一天都当做三天来用"。

Auto lab 刚刚成立的 7、8 个月中，有一天，赵奕和他的创业小伙伴忽然心血来潮，"当时可能刚刚创业，大家都有一种无知者无畏的精神，热血沸腾之时就想出来一个点子——我们就办一场汽车领域内的千人大会！"

要知道，Auto lab 那会儿才刚诞生 7 个多月，连实习生在内，总共才 9 个人，却要创办一场 1000 人的大会，这让人有点匪夷所思。更让人惊讶的是，举办如此大规模的一场活动，赵奕给团队的时间却只有短短 10 天时间。

9 个人，10 天，打造一台 1000 人的晚会。如此疯狂的点子，在赵奕看来，却一点都不疯狂。

"那天晚会的时间，我还记得非常清楚：10 月 28 日。当时我们刚刚过完国庆，节后，所有小伙伴就开始在 10 天时间内，开足马力筹备这个活动。"赵奕笑着告诉笔者，一想到这个事情，脑海里依然能够清晰无比的回忆起晚会当天，以及前一天的那个不眠夜。

晚会开始前一天，已经跟着赵奕连续熬了好几个通宵的小伙伴，依然奋战在公司和会场之间。看着这些跟着自己一路前行的同事和好友，赵奕心里百味重生。"我跟小伙伴们说，明天我们就要迎接一场硬仗，你们全部回去好好休息。最后一天，我来熬夜！"

赵奕说，当天晚会上，最重要的主持人串词都还没有完成。因为涉及数百家品牌企业，这份串词的分量，可想而知。"那天晚上，我需要全部校对主持人的串词，然后打印做成一份手稿，再制作成一张张巴掌大小的主持人手卡。"

等到全部校对、审核完这篇主持人串词之后，赵奕办公室墙上时钟显示，此时已是凌晨3点。Auto lab 办公室窗外一片漆黑，整个城市也已进入深度睡眠。

在最后审核一遍串词后，赵奕拿着完稿，走下楼，步行前往附近一家24小时打印店，把它交给打印店的工作人员。"打印店的小伙子拿到文稿后，随口跟我说了一句，'这个可能需要一点时间，你得等一会儿。'"赵奕想着，等就等吧，反正就一会儿。

没想到，坐在椅子上没几分钟，实在已经疲惫不堪的他，居然就这么睡着了。"当时已经是凌晨4点半了，最后还是打印店的小伙子把我给摇醒了。"睡眼朦胧中，拿着工作人员交给他的一塑料袋的主持人串词手卡，赵奕就这样拎着它回家了。

等到回家，洗漱完毕躺到床上休息时，此时时钟已经指向5点半。"更要命的是，当天活动，我的发言稿还没有写！"说到这里，对面这位创始人自己都笑了，眼角的笑纹显得尤为明显。

"我心里其实非常清楚自己发言稿里要说些什么，但是时间已经非常紧张。"仅仅休息了2个多小时，赵奕便再次起身，一番整理后，启程直接奔赴会场。

作为本项活动的重要嘉宾，赵奕一到现场便坐在前排中央位置，一个人埋头专心写发言稿。但是随着无数嘉宾和观众的陆续到场，嘈杂的环境又把这位

创始人给逼到了会场外的走廊上，埋头背诵发言稿件。

"老实说，这一整天的活动，其实我一点信心都没有，整颗心都是吊着的。"直到晚上，当上千位参赛嘉宾和观众所引发的这场盛会在激情中落幕的那一刻，赵奕那颗悬着的心，才安然落地。"那天的千人大会，最后实际到场1400多人，其实办得很成功。最后，我跟着团队一块去喝酒，直接就喝HIGH，喝醉了。"

创业：在对的时间，做了对的选择

对于 Auto lab 的创立，赵奕认为只是在正确时间，做了一件正确的事情。最大的原因，无非是自己觉得"机会来了"。

但这些"机会"的抓控和把握，却需要赵奕和团队付出难以想象的艰辛。作为公司创始人，即便赵奕头顶"公司创始人"这一头衔光环，必要时刻，他的身份、角色、工作强度，却丝毫不亚于团队中的其他员工。

有时候 Auto lab 的一些活动现场，不少工作人员都能看到这么一个"海军陆战队队员"：左手易拉宝，右手摄影机和三脚架，背后一个电脑大背包。"创业初期，人手不够，很多事情都需要亲力亲为。从策划到嘉宾邀请，再到观众邀约；从稿件到发言稿到串词，都需要自己撰写。"资深媒体人出身的赵奕，在 Auto lab 平台上，无疑展现了其强悍的综合能力，以及庞大的人脉资本网络。

"我们现在其实已经成为汽车厂商们在微信端的广告文案策划供应商，你可以把它理解为我们就是这些汽车厂商的一个小小的 4A 公司。"赵奕一边低头用餐，一边告诉我们，但无论 Auto lab 未来发展如何，它的骨子里从来就是一家互联网公司。

赵奕告诉我们，他的母亲曾谈到他的创业问题。她说，"你原先挣一份钱，就养活你自己；现在你挣十份钱，要把你团队的人都养好了，剩下的才能养活你自己，你知道吗？"

"于我而言，我觉得 Auto lab 创建的意义还在于能带着大家一起成长，一起盈利与受益。"赵奕说。

凡心所向，素履所往，要做3D打印行业里精耕细作的老酋长

> 我这个人性格实在一些，做不到的绝不承诺，答应下来的一定要做好。
>
> ——许建辉

企业一句话介绍：

3D 部落——D 部落是一个梦想，这里，有创客，有设计师，有发烧友，有服务商。3D 是他们共同的语言。

许建辉，3D 部落创始人，白手起家，从零开始。说起他的创业故事，还是有些曲折的。

江西小镇里走出来的高考状元

江西崇仁县以南有座小城，周边山峦起伏绵延，气势雄浑。相山横亘其间，陡峭入云霄，独具大气象。

四十多年前，许建辉生长在这座小城中，父母是把一生奉献给了国家的老党员，或许是父母的潜移默化，一心一意，孜孜不倦却又自得其乐。努力，付出，必定有回报。也正是从小的这份踏实、务实和专注，成为了他的人生信条，最后融入进了企业文化。

凡心所向，素履所往，要做3D打印行业里精耕细作的老酋长

1987年，许建辉以当年子弟学校高考状元的身份考入北京航空航天大学。二三十年前是中国青年文化自由的一个高峰，成长在那个年代的许建辉，自然也意气蓬勃，立志要成为中国航空事业的一颗小小螺丝钉，献出自己的一份力量。四年的大学生涯很快就过去了，许建辉也如愿进入了上海飞机制造厂，现在已隶属于中国商飞。

但那个年代中国的航空航天事业远不如今天这样如火如荼，曾经热闹了一阵子的中美合作生产MD-82飞机项目也很快结束了，没有新的项目上马，厂里很快就没有了什么收入来源。刚走出学校的意气青年赶上项目的收尾阶段，忙了一阵子之后很快每天陷入清闲，"感觉自我价值并不能体现，身边的同学也都陆续离开了上飞，这样的时光，实在是熬不下去了。"

1994年，当IT行业刚开始在中国兴起的时候，许建辉辞职进入了大恒科技（600288.SH），干起了IT，在IT行业度过了12个春秋，也见证了IT行业在中国的繁荣与变迁。

在大恒的十二年里，无论是技术部还是市场部，许建辉都游刃有余，最终通过自己出色的工作，成为了中国大恒上海分公司的总经理。在他的领导下，上海分公司在大恒全国十多家分支机构中业绩一直名列前茅。

许建辉的性格偏内敛和务实，那他又是怎么把销售做起来的呢？"

"可能交流确实不是我的强项吧，但我是技术出身，对技术和产品很了解，能把实际情况告诉客户，给客户最真实最中肯的建议和方案，不吹牛不忽悠，所以他们比较愿意相信我，也就会和我合作，我这个人的性格实在一些，做不到的绝不会承诺，答应下来的则一定做到做好。性格太实在，可能这是劣势，但长远来看，这也是我的优势吧。"

创办中国最早的3D打印公司

2006年做了十多年职业经理人的许建辉也开始有了创业的冲动,这时传统的IT行业已不太景气。一次偶然的机会让他接触到3D打印技术,凭着以往专业背景知识以及对技术的敏感性,他预见到这项技术有着广阔的市场前景。他毅然辞职离开大恒,在交大慧谷的支持下,在交大慧谷创立了3D工程事业部,成为国内最早从事3D打印公司之一。

这个今天看来热火朝天的行业,在当时看来非常小众,也不是刚需。公司起步阶段,只有四五个员工,除了眼光还需要耐得住寂寞。

2013年,在3D打印行业默默耕耘与沉淀了7年的许建辉,清晰地知道,世界的认知在由二维向三维进行转变,属于3D打印的时代,逐渐到来。也就在这一年,许建辉将公司进行股份制改制,公司名称也从实睿更名为三的部落(3D部落)。

3D部落名称来自于英文3DPro的谐音(Pro是英文Professional的缩写),意即3D专家,作为国内第一批试水这个行业的专业人士,许建辉有资格给自己贴上这个标签,同时建立一个3D部落也是许建辉的梦想。

同年12月底,三的部落挂牌上海股交中心E板,成为国内第一个在场外市场挂牌的3D企业。2015年12月,三的部落成功转板上海股交中心科创板,股份代码300022,也是科创板首批27家挂牌企业中唯一一家3D企业。这是公司发展的一个里程碑。

三的部落从2008年将3D打印技术应用于医疗起,培养了一批医工结合的高素质人才,他们能够用自己掌握的工程学方法为医学当中遇到的疑难杂症提供解决方案。在此基础上,三的部落的工程师还能够根据医生的意见设计手

凡心所向，素履所往，要做3D打印行业里精耕细作的老酋长

术中的定位导板，为医生置钉或者截骨提供精准的定位，有效地提高了手术的精准度。

随着3D打印技术在医疗的应用逐步深入，根据每个病人定制的个性化3D打印假体也开始越来越多地应用在手术当中，造福病人。

如今的三的部落在业内已颇有名气，与国内五十多家医院在骨科和康复领域有了深入合作，这其中包括上海第九人民医院、东方医院、重庆西南医院、广州军区总医院等国内著名的三甲医院，并聘请国内医学3D打印的泰斗戴尪戎院士作为公司首席医学顾问，在国内3D数字医疗领域奠定了自己的行业领先地位。

3D打印，改变了他的世界，也将改变我们的世界！

后记

有人说，在这个喧嚣的年代中，书籍正在脱去原有的固态，走向诸如Kindle、手机阅读等更为便捷的阅读方式。但我们却看到，诚品书店依然灯火辉煌，美丽的言几又书店开了一家又一家，仿佛黑夜中散发出的那点点璀璨星火。即便它们可能无法形成燎原之势，但是我们深知，在黑夜中的这些星火依然有着类似海边灯塔般的希冀和引导。

我们不能断言，这50位创业者会成为燎原前的星火。但是我们可以确认，在这片广阔无边的创业星空中，这些创业者已经奋尽其力，绽放出最璀璨的一段历程。

在历时10个多月的采访过程中，感谢飞马旅的创业者给予我们这样的机会，探寻他们的创业之路，探索他们的人生过往，探寻他们创业背后的内在动机。感谢对本书做出贡献的飞马旅小伙伴们，他们是：叶越、孙子潇、陈祺欣、王秀秀、朱伟杰。没有他们的努力付出，也没有这本书的如期完成。

创业，始终在路上；我们，也始终在路上。

蔡燕兰

2017.03.07

飞马旅简介

飞马旅——综合能力领先的创新创业服务平台

旗下有飞马创业服务机构、飞马空间、爱创业股权众筹、飞马基金四大板块。

飞马创业服务机构——挖掘快速成长的创业企业，首创服务置换微股份模式，深入企业内部，为创业企业的快速成长提供专业支持，成就创业企业快速健康发展；在过去五年中，200多个优质项目成为飞马星驹，近50家获得了融资，融资总额近30亿元，总估值超过220亿元。

飞马空间——辐射上海、北京、深圳、宁波、南京、成都、厦门、苏州、长沙等，管理近30万方的创业空间。

爱创业股权众筹——极大降低了风险投资的资金门槛和知识门槛，两年间帮助40余家创业企业完成总计数亿元的融资。

飞马基金——关注极具成长性的早期创业企业，过去两年内，投资了40家优秀的创业企业，主要覆盖的领域有TMT、新文化娱乐、大健康、泛旅游。

让创业好马拥有腾飞的翅膀！
飞马旅，服务培新中国！